급등주 투자법

돈이 된다!
급등주 투자법

초판 1쇄 인쇄 2022년 04월 15일
초판 1쇄 발행 2022년 04월 20일

지은이 • 디노(백새봄)
발행인 • 강혜진
발행처 • 진서원
등록 • 제 2012-000384호 2012년 12월 4일
주소 • (04021) 서울 마포구 동교로 44-3 진서원빌딩 3층
대표전화 • (02) 3143-6353 / **팩스** • (02) 3143-6354
홈페이지 • www.jinswon.co.kr / **이메일** • service@jinswon.co.kr

편집진행 • 임지영 | **기획편집부** • 한주원, 최고은
표지 및 내지 디자인 • 디박스 | **종이** • 다올페이퍼 | **인쇄** • 보광문화사 | **마케팅** • 강성우

ISBN 979-11-86647-86-8 13320
진서원 도서번호 22001
값 18,800원

월급쟁이도 주식으로 월 500만원 수익 창출!

돈이 된다!

급등주 투자법

디노(백새봄) 지음

진원

월급개미를 위한 찐 고수가 나타났다!

치솟는 집값과 물가를 바라보면 "월급 빼고 다 오르네"라는 말이 절로 나옵니다. 그래서 이런 팍팍한 삶을 탈출하고자 생활비를 절약하려고 아등바등하며, 고금리 예·적금을 찾아서 한 푼이라도 이자를 더 받으려고 노력합니다. 하지만 안타깝게도 이러한 절약과 저축만으로는 한계가 있습니다. 왜냐하면 생활비는 더 이상 줄일 수 없는 임계점이 존재하며, 은행 금리는 여전히 낮기 때문입니다. 따라서 절약, 저축 외에 투자도 병행해야 합니다.

주식은 대표적인 투자입니다. 주식으로 돈을 벌려면 어떻게 하면 될까요? 특히 주식 초보자라면 굉장히 궁금할 것입니다. 주식에서 요행을 바라서는 안 됩니다. 물론 단지 삼성냉장고가 이쁘다는 이유로 삼성전자 주식을 왕창 사서 대박을 칠 수도 있겠지만 이런 요행이 다시 찾아올 가능성은 희박하니까요. 주식은 확률의 재테크이며 공부하고 경험할수록 확률을 높일 수 있습니다. 따라서 주식으로 가장 빠르고 확실하게 돈을 벌 수 있는 방법은 주식고수의 실전 이론과 노하우를 내 것으로 만들어서 '스스로 종목발굴 후 스스로 매매까지!' 자생력을 키우는 것입니다.

초보자도 쉽게! 낚싯대 매매법, 친구 매매법 전수

지금까지 회원수가 80만명이 넘는 '월급쟁이 재테크 연구' 카페(줄여서 월재연이라고 부름)를 운영하면서 자칭 주식고수라는 분들을 숱하게 접했습니다. 하지만 월급쟁이와는 괴리감이 있는 전업투자자의 위험천만한 기법을 강요하거나, 막상 검증해보니 고수라고 부르기 민망할 정도의 얕은 실력을 가진 분들이 대부분이었습니다. 오랫동안 찐 주식고수의 등장을 기다렸습니다. 그리고 드디어 진짜가 나타났습니다. 바로 '디노'님입니다.

디노님이 직장생활을 하며, 주식투자로 꾸준히 월 500만원 수익을 낸 이야기가 담긴 연재글은 폭발적인 호응과 공감을 이끌어냈습니다. 물론 처음에는 '이런 수익이 정말 가능한가요?'라며 의심의 눈초리로 바라보는 분들도 계셨지만, 이내 의심은 믿음으로 바뀌었습니다. 왜냐하면 디노님이 주식시장에서 15년간 산전수전을 겪으며 터득한 실전 이론과 노하우의 결과물은 거짓이 아닌 진짜였기 때문입니다.

특히 스스로 발견한 손절 없는 투자법인 물타기 신공, 주식창을 하루 종일 들여다볼 수 없는 직장인이기에 따로 개발한 낚싯대 매매법, 주변의 정보를 역으로 이용하는 친구 매매법 등은 굉장히 신박했으며 월급쟁이가 고위험, 고수익보다 안정적으로 주식투자를 할 수 있는 정석을 제시하였습니다. 이 책에는 디노님의 15년 투자내공과 월수익 창출시스템의 비밀이 한층 정제되어 고스란히 담겨 있기에, 월급쟁이 주식투자자를 성공으로 이끌어줄 거라 확신합니다.

마지막으로, 흔쾌히 아낌없이 지식 나눔을 해주신 디노님과 진심을 다해 책을 만들어주신 신서원출판사에 고마움을 진합니다. 더불어 디노님의 집필 시작부터 책 출간까지 띠뜻한 응원을 보내주신 '월급쟁이 재테크 연구' 카페 회원분들께도 감사의 말씀을 올립니다.

맘마미아 ('월재연' 카페 주인장)

300만원으로 시작한 주식투자, 제2의 월급을 만들다!

근로소득보다 더 큰 부를 가져다 준 투자 소득

대학 시절 아내를 만나 불같은 사랑을 하고 졸업과 동시에 결혼을 계획하였습니다. 사랑만 있으면 결혼을 할 수 있을 것이라고 생각했는데 현실은 아니었습니다. 대기업에 입사하면 모든 게 해결될 줄 알았는데 1년 동안 열심히 모은 돈 3,000만원으로는 결혼에 필요한 것들을 준비하기엔 턱없이 부족하더군요. 그래도 결혼이 너무 하고 싶었던 저는 2009년 서울 신림동 원룸에서 신혼 생활을 시작했습니다. 요즘엔 단칸방에서 시작하는 것은 상상도 못하겠지만······. 아내와 소꿉놀이하는 마음으로 그렇게 신혼을 시작했습니다. 맞벌이를 하면서 참으로 우여곡절이 많았지만, 아내와 저는 정말 열심히 살았고 지금은 자리를 잡고 아파트도 소유하게 되었네요.

물론 좋은 직장을 얻었던 게 이렇게 자리 잡는 데 일조했지만, 근로소득보다 더 큰 부를 가져다준 것은 재테크로 얻은 수익이었습니다. 정말 경매, 주식, 채권, 선물 옵션까지 안 해본 게 없었던 시절이었습니다.

이론과 실전은 다르다! 시행착오를 줄이길 바라는 마음에서 집필

두 아이의 아빠로서, 우리 아이들에게는 저와 같은 가난을 물려주기 싫었기에 정말 열심히 공부했습니다. 시간은 한정되어 있기에 잠을 줄이며 재테크 공부를 했지요.

많은 공부를 했지만 실전은 이론과 달랐습니다. 시행착오가 정말 많았습니다. 제가 겪었던 시행착오를 글로 써서 다른 사람들에게 도움을 주면 좋을 것 같다는 마음이 어느 날 불현듯 들었고, 그렇게 저는 '디노'라는 필명으로 블로그 활동을 시작하며 이렇게 책까지 쓰게 되었습니다.

흙수저로 시작한 월급쟁이 직장인이 어떻게 주식투자로 매달 500만원의 수익을 내고 있는지, 투자 노하우를 A에서 Z까지 모두 써보려고 합니다. 주식투자가 막막한 초보 투자자분들이 주식투자의 기초부터 꼭 알아야 하는 실전매매 기술까지 배울 수 있는 기회가 되길 바랍니다.

이 책을 쓸 수 있게 기회를 주신 맘마미아님과 책을 펴내는 데 도움을 주신 진서원출판사의 강혜진 편집장님, 그리고 항상 곁에서 응원해준 가족과 든든한 버팀목이 되어준 동방분식 친구들에게 지면을 빌려 깊은 감사를 드립니다.

마지막으로 늘 아빠가 최고라고 말하는 지야, 시야와 가진 게 없던 나를 선택해주고 지금까지 한결같이 믿고 응원해주는 사랑하는 아내에게 고맙다는 말을 전하고 싶습니다.

디노 (백새봄)

네이버 No.1 월재연 80만 회원 열광!

'월급쟁이도 주식투자로 월 500만원 번다!'

'낚싯대 매매법' 4단계 실천!

《1단계》 1달에 1번! 급등주 고르기

급등주 감별법(디노 테스트) 제공!

- ☑ 재무제표로 돈 버는 회사인지 판단하기
- ☑ 싼 주식을 사기 위해 고점 대비 -20~-40% 가격 확인하기
- ☑ 인터넷에서 중요 이벤트와 재료 챙기기

→ 둘째마당

《2단계》 급등주 후보 10~20개 낚싯대 던지기

소액 분산투자로 잃지 않는 투자!

- ☑ '디노 테스트'를 통과한 10~20개 종목 매수하기
- ☑ 소액으로 분할 매수하기
- ☑ 현금 10% 보유하기

→ 첫째마당

묻지마 장기투자는 No!
월급쟁이는 급등주 투자로
수익실현 Up! 복리효과 Up!

《3단계》 급등주 입질 신호 포착하기

> 매매 타이밍 포착

- ☑ 수급(OBV)과 투자심리(RSI)로 급등신호 파악하기
- ☑ 봉차트 13개 패턴 익히기
- ☑ 금리, 환율, 물가 등 외부환경 체크하기

→ 셋째마당

《4단계》 목표 수익 10% 달성하면 무조건 매도

> 빠른 회전율로 복리효과 Up!

- ☑ 수익실현 경험 자주 쌓고 투자에 재미 들이기
- ☑ 욕심을 버리고 원칙 지키기
- ☑ 시간이 금! 수익률보다 회전율이 중요

→ 셋째마당

차

례

‖ 셋째마당 ‖

월급개미 디노의 급등주 매매기술

122

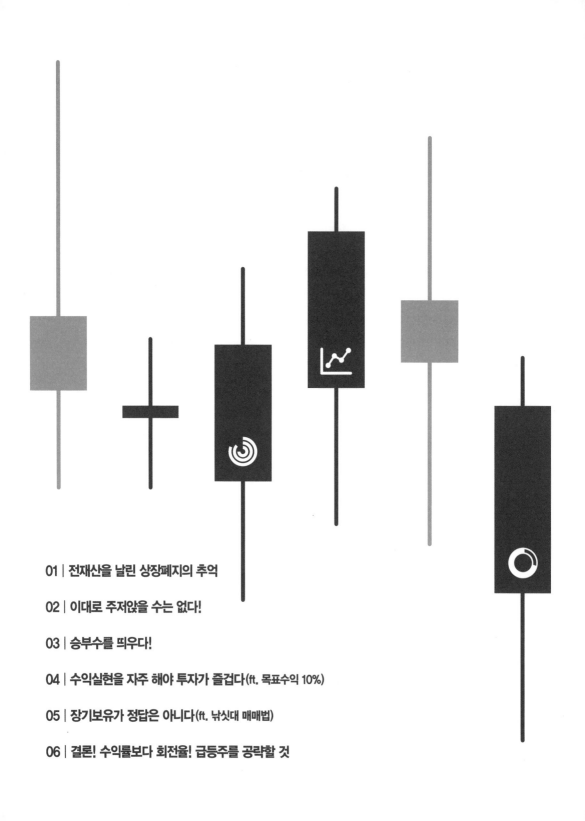

나는 '낚싯대 매매법'으로 월 500만원 번다!

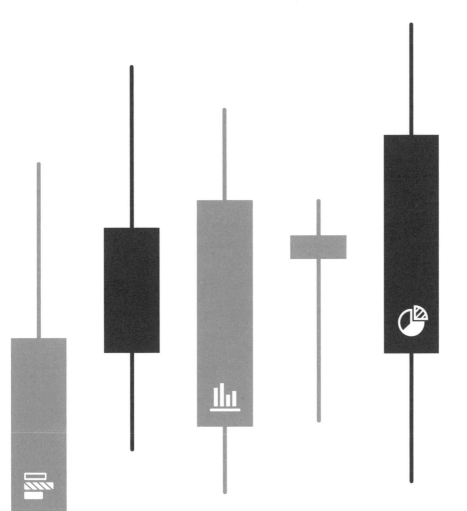

첫 | 째 | 마 | 당

돈이 된다! 급등주 투자법

전재산을 날린 상장폐지의 추어

신혼방 원룸 탈출 좌절! 묻지마 급등주를 찾던 시절

매년 2~3월이 되면 관리종목 지정 및 상장폐지 대상 종목에 관한 뉴스 및 공시를 접할 수 있습니다. 어떤 투자자는 "상장폐지 경험 없이 주식투자를 할 수 있겠느냐? 그럼 대박 종목을 먹을 수 없다"는 식으로 마치 상장폐지 경험을 훈장처럼 말하기도 합니다. 하지만, 상장폐지는 피할 수 있다면 무조건 피해야 하고 절대로 당하면 안 됩니다. 혹시 이번에 아픔을 겪은 분들은 없으시지요? 저는 지금 확실한 매매 기준을 두고 투자를 하고 있습니다만, 한때는 묻지마 급등주를 노리며 헤매던 때가 있었습니다. 오늘은 불나방으로 살다가 하얗게 타버렸던 10년 전 이야기를 해보려고 합니다.

바야흐로 때는 2009년, 기름값이 100달러 이상 하던 고유가 시절이었습니다. 그때 스타처럼 나타난 기업이 있었으니 그 이름은 바로 한국기술산업.

들어보신 분이 있는지 모르겠네요. 2009년 오일샌드에 투자해 생산이 임박한 기업이었으며, 2010년부터 연말까지 일일생산량 1,000배럴 이상의 설비 증설 작업이 진행되고 있다고 연일 뉴스가 쏟아졌습니다.

당시 한국기술산업은 코스피200 기업으로 우량한 회사로 분류되었고, 기름한 방울 나지 않는 우리나라에서 신기술을 바탕으로 원유를 생산하는 첫 번째 기업으로 촉망받아, 주가가 어마어마하게 상승하고 있었습니다.

그때의 저는 빨리빨리 수익을 내는 게 최고라고 생각했습니다. 그런 투자 관점에서 보면 한국기술산업만 한 기업이 없었고, 달리는 말을 좋아하던 때라 고민 없이 올라탔습니다. 회사 분석도 없이 뉴스와 소문만 듣고 매수했는데도 주가는 연일 상승세였습니다. 2010년, 생산이 임박하면 나도 대박을 볼 수 있겠다는 희망회로를 돌리며 투자금을 더 넣기 시작했습니다. 그런데 갑자기 어이없는 뉴스를 보게 됩니다. 기사 제목을 보고, 하루 종일 멍했던 기억이 아직도 생생하네요.

뉴스가 터지고 주가는 연일 하락하고, 그때라도 정신을 차리고 투자금을 회수해야 했는데 현실을 인정하지 못하고 좋아질 거라고 믿었습니다. 결과는, 결국 상장폐지가 되고 투자금 전부를 날렸습니다. 그 아픔과 상실감은 지금 생각해도 너무나 크고 생생하네요.

유료 사이트까지 이용! 조바심은 결국 화를 부른다

장모님께서 저에게 하시던 말씀이 있습니다.

"신발이 두 짝일 때 돈을 모아야 한다. 안 그러면 돈 모으기 정말 힘들다."

앞서 말씀드린 것과 같이 결혼 당시 원룸에서 시작했기 때문에 출산은 잠시 미루어 두었습니다. 투룸으로 이사 갈 정도는 만들어 놓고 아이를 가져야겠다는 생각이 들었기 때문입니다. 그런데 한참 시드머니를 모아야 할 시기에 상장폐지로 돈을 잃자 가장으로서 남편으로서 조바심이 생겼습니다.

'힘들게 번 돈이 다 날아가버렸네. 어떡하지? 방법이 없을까?'

저는 더 빨리 달리는 말을 찾아다녔습니다. 주변이나 뉴스에서 급등하는 종목에 대한 이야기가 나오면 무조건 매수했습니다. 물론 운이 좋게 짧은 시간에 돈을 벌기도 했지만, 결과적으로 수익보다는 손실이 훨씬 많았습니다. 시간이 지날수록 줄어드는 자산 때문에 멘붕이 왔던 저는 이런 결단까지 하게 됩니다.

'유료 사이트의 도움을 받아서 투자를 해보자.'

연 200만원을 주고 회원으로 가입해 유료 사이트에서 알려주는 대로 매수를 했습니다. '매수가는 얼마고요, 목표가는 얼마고요, 손절가는 얼마입니다'라고 알려주어서 그냥 생각 없이 따라 했습니다. 그런데 200만원짜리 정보로 산 주식인데 한 달이 넘도록 잘 오르지도 않았고 때로는 손절하는 경우도 생겼습니다. 본전 생각에 조바심이 극에 달했던 저는 200만원짜리 정보치고는 너무 형편없다고 생각했고 결국 목표가까지 버티지 못하고 단기에 매수, 매도를 반복했습니다. 정말 짜증났던 것은 매도하고 수일 내에 급등이 나와서 저를 제외한 유료 회원 대다수가 엄청 좋아했고 저는 그걸 지켜만 봐야 했던 겁니다.

결국 유료 사이트를 통한 매매도 성공하지 못한 채로 접고 말았습니다. 큰 손실도 큰 수익도 보지 못하고 6개월 정도를 보냈네요.

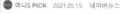

머니S PiCK 2021.05.15. 네이버뉴스
"나 믿고 100만원만 보내"... 주식리딩방 덫에 '덜컥'
유료방이든 무료방이든 주식리딩방 자체가 불법은 아니다. 현행법상 개인이 불특정 다수에게 투자 조언을 하는 행위는 큰 문제가 되지 않기 때문이다. 하지만 금...

중앙일보 2021.06.01 네이버뉴스
구독 98만 유튜버 "나도 당했다"...눈뜨고 코베인 '코인 톡방'
이 방에서는 주식 장이 열리면 전날 '유료방'에서 공유됐던 주식 추천 종목이 공개된다. 방 운영자가 '어제 유료방에서 추천하면 ○○기업이 오늘 묵직하게 치고 ...

연회비가 수백만원인
주식리딩방

스카이데일리 2020.10.28.
불량정보 앞세워 개미 쌈짓돈 노리는 '묻지마 주식방' 주의보
주식유료방 피해자들이 모인 인터넷 카페에는 자신이 겪은 수백여개의 피해 사례들이 올라와 있다. 피해자 B씨는 '7일 이내 100% 환불이라는 말만 되풀 할 뿐 ...

신동아 PiCK 2020.09.24. 네이버뉴스
"수익률 22% 보장? 11일에 −18%' 우후죽순 '주식리딩방' 실체
수익 5% 무료 체험 유인 후 **유료방** 가입 주식 리딩방 관련 문제는 어제오늘 일이 아니다. 그럼에도 주식 리딩방이 최근 몇 년 새 성행하게 된 데는 2015년 9월 출 ...

뉴스웨이 2020.12.28.
[주식은 유튜브]"혹해서 따라 샀더니"...개미 홀리는 채널 주의보
실제 유튜브에 '리딩방' '**주식 유료방**' 등을 검색하면 피해를 호소하는 콘텐츠가 쏟아져 나온다. 일부 개인 유튜버들은 직접 리딩방에 가입해 손실 본 사례를 영상으...

본업까지 훼손한 투자생활, 반성의 시간들

유료 사이트를 접게 된 가장 큰 이유는 출산 계획 때문에 투룸으로 이사하면서 목돈이 들어가게 되었고 정말 소액의 투자금만 남았기 때문이었습니다. 하지만 큰 문제는 다른 곳에 있었습니다.

직장생활을 하면서 달리는 말에 올라타는 단기매매를 하고, 유료 사이트를 통한 매매를 하니 아무래도 모바일을 들여다보는 시간이 엄청나게 늘었고, 저의 본업인 회사 근무에 영향을 주었습니다. 저를 좋아해주던 선배들도 장이

끝날 때까지 눈치 보면서 계속 호가창을 바라보고 있던 저에게 쓴소리를 할 정도였으니, 아마도 저를 싫어하셨던 분들은 뒤에서 엄청나게 욕을 하셨겠죠? 이처럼 본업인 회사 생활이 문제가 되니 이건 정말 옳은 방법이 아니라는 생각이 확고하게 들었고, 때마침 줄어든 시드머니를 핑계 삼아 유료 사이트도 접고 주식투자도 좀 쉬게 되었습니다.

주식투자를 쉬면서 지난날의 투자를 얼마나 후회했는지 모릅니다. 인정받고 있던 회사에서 성실하지 못한 직원이 되어버린 저를 되돌려 놓기 위해 다시 본업에 충실했습니다. 그리고 내가 힘들게 직장에서 야근하고 욕먹어가며 번 돈이 하루아침에 날아간 것을 되새김질하면서 다짐했습니다. 다시는 확신이 없는 종목에 투자하지 않겠다. 정말 공부를 하면서 투자를 해보자. 꼭 성공해서 좋은 집도 사고 그렇게 해보자. 그 뒤로 꾸준히 공부를 하기 시작했습니다.

만약 그때 주식판을 떠났으면 지금의 저도 없었겠지요. 오뚝이처럼 다시 일어나서 열심히 했던 게 돌아보니 아주 잘한 일이었네요.

네이버에서 관리종목 확인하기

상장폐지란 증시에 상장된 주식을 더 이상 사고팔 수 없도록 상장이 취소된 것을 말합니다. 금융감독원에서는 관리종목을 지정하고 1년 후 해결되지 않으면 상장폐지 절차를 밟습니다. 관리종목 지정 요건은 자본 잠식, 거래량 미달, 매출액 미달, 회생 절차와 파산 신청 등이며 네이버에서 관리종목을 찾을 수 있습니다. 투자하기 전 자신이 투자한 종목이 관리종목인지 꼭 확인해보세요.

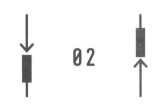

이대로 주저앉을 수는 없다!

호가창을 닫고 긴 호흡으로 투자를 시작했더니……

여러분, 골프 쳐보셨나요? 저는 구력은 좀 되는데 스코어는 여전히 100돌이입니다. 제가 운동신경이 없는 편이 아닌데 골프는 참 어렵더라고요. 골프 치는 분들은 이런 말을 안 들어보신 분들이 없을 거예요.

"골프는 힘을 빼야 한다. 힘 빼는 데 3년이다."

'무슨 힘을 빼고 운동을 한다는 거야? 힘은 그냥 빼면 되지, 뭘 3년이나 걸린다는 거야?' 이런 생각이 드실 겁니다. 하지만 골프를 쳐보신 분들은 맞다며 고개를 끄덕이실 것 같아요.

왜 갑자기 골프 이야기를 했느냐면요, 제가 실패를 겪고 반성을 하면서 투자에서 힘을 빼기 시작했기 때문입니다. 더 이상 단기에 수익을 내려고 하지 않았어요. 사실 그 당시 여유자금이 없었고, 시드머니가 300만원에 불과했기 때문에 예전처럼 단타를 쳐서는 수익금이 너무 적어서 성에 차지 않았거든요.

지금 생각해보면 어설펐지만, 나름 열심히 공부를 하면서 우량주를 찾아서 투자를 했고 20% 정도 수익이 나면 수익실현을 했습니다. 그런데 너무 신기하게도 힘을 빼고 좋은 기업을 매수하고 긴 호흡으로 투자를 했더니 결과가 상당히 좋았습니다. 반년 만에 수익률을 원금 대비 50%나 거둘 수 있었습니다. 한편으로는 큰돈으로 할 때는 안되더니 이럴 때는 되네 하는 아쉬움도 있긴 했어요. 그리고 이때 처음으로 투자에 대한 철학이 생겼습니다.

작은 수익부터 차근차근! 본격적인 공부와 목표 설정

'그래, 난 슈퍼개미가 아니다. 급등주를 매매하기 위해 하루 종일 호가창을 볼 수도 없고, 매수 종목이 하락하더라도 무한정 물타기를 할 수도 없다.'

'큰 수익보다는 조금씩 결과물을 내면서 가보자' 이런 생각이 들었던 시기였어요. 투자 철학이 확립된 뒤로 책을 엄청 본 것 같습니다. 정말 많이 봤습니다. 이해도 되지 않는데 그냥 무작정 봤던 기억이 있습니다. 이때는 정말 닥치는 대로 읽었던 것 같아요. 제가 이때 깨달았던 철학은 나중에 자세히 이야기해드릴게요. (콩나물 원리)◆

◆　콩나물 원리에 대한 자세한 내용은 120쪽 참고

그리고 책도 많이 봤지만 꾸준히 경제 뉴스를 봤습니다. 너무 바쁘거나 글이 눈에 안 들어오는 날에는 헤드라인이라도 꼭 읽고 넘어갔어요. 저는 당시 큰아이가 태어나면서 경기도 외곽으로 이사를 했습니다. 직장이 광화문에 있었는데, 편도 2시간씩 왕복 4시간을 길에서 보냈거든요. 지금 생각해보면 이런 가난한 상황이 저에게는 기회였나 봅니다. 4시간을 길에서 보내면서 책을 보고 경제 뉴스를 봤거든요. 직장생활하면서 책 읽기가 얼마나 어려운가요? 그런데 저는 운이 좋게도(?) 힘든 직장생활을 하면서 경제 공부를 꾸준히 이어갈 수 있었습니다.

반복된 승리, 잃지 않는 투자, 투자의 선순환!

그때는 몰랐지만 공부를 꾸준히 하면서 저의 인사이트가 길러지고 있었던 것 같습니다. 투자가 실패한 적도 있었지만 승률은 점점 높아졌고, 소액으로 투자했던 계좌도 승률과 비례해 날마다 성장했습니다.

이사 후 주식투자를 시작했을 때 시드머니는 300만원이었습니다. 그런데 꾸준히 낸 수익으로 어느덧 시드머니는 600만원이 되었습니다. 하지만, 한 종목에 몰빵하는 투자는 하지 않았습니다. 예전과 달리 이성적으로 판단하고, 조금 느리더라도 리스크를 헷징할 수 있도록 300만원씩 두 종목을 매수했습니다.

적은 돈이었지만 계좌 하나가 더 생겼다 생각하고 두 종목을 매수하면서 회전율을 높이는 것에 목표를 두었습니다. 혹시나 한 종목이 손실이 나더라도 보완할 수 있게끔 보수적인 투자를 선호하기 시작했습니다.

왜 워런 버핏이 그렇게 잃지 않는 투자를 강조하는지, 이 시점에 확실히 깨

달았던 것 같습니다. 그렇게 공부하고 종목을 선정하고 매수하고 기다렸습니다. 좋은 종목을 매수했더니 시간은 저의 편이었습니다. 수익이 꾸준히 났고 저의 선순환 사이클은 계속 반복되었습니다.

투자의 선순환 사이클

그렇게 조금씩 조금씩 늘어나는 저의 계좌만큼, 자신감도 커져갔고, 저만의 법칙도 조금씩 완성되기 시작했습니다. 시간이 지날수록 공부 시간도 늘어났고, 투자 방법은 조금씩 보완되어 지금의 방법이 만들어지게 되었습니다.

03

승부수를 띄우다!

동학개미운동과 큰 상승장

2020년 3월, 코로나19로 인해 주식시장은 폭락을 하게 됩니다. 그리고 강하게 반등이 나오더니 2021년 상반기까지 지속적으로 우상향하게 됩니다. 다음 페이지의 차트를 보면 얼마나 많이 올랐는지 느껴지실 거예요. 코스피, 코스닥 모두 엄청난 시세를 분출했습니다.

이 시기에 주식 및 경제 관련 유튜브 채널의 엄청난 성장과 유명 투자자들의 방송출연, 그리고 동학개미운동이 일어나면서 개인투자자들이 신규로 주식을 시작하고 수익도 많이 냈습니다.

코로나19 이후 급반등한 코스피·코스닥시장

큰 상승장이 오니 주변에서 주식 이야기를 너무나 쉽게 들을 수 있었습니다. 직장동료도 친구들도 밥을 먹을 때나 차를 마실 때나, 이야기를 나누는 시간에는 어김없이 주식 이야기가 빠지질 않았습니다. 하지만, 자기만의 기준을 가지고 투자를 한 사람은 잘 보이지 않았습니다. 긴 시간 공부를 하고 투자를 하는 사람은 더더욱 없었습니다. 주변에는 적지 않은 돈으로 투자하는 사람들이 많았는데, 저는 이 시기에도 소액으로 투자하면서 내공만 다지고 있었습니다. 소액투자를 하다 보니 돈 번 주변 분들이 부러웠고, 저 스스로도 시드머니를 키우고 싶다는 고민을 끊임없이 했습니다.

상승장, 레버리지를 쓸 것인가?

고민하는 시간 동안 주식시장은 엄청나게 상승을 했습니다. 상승장이 피크를 향해서 가고 있을 시기였던 2020년 11월, 드디어 결단을 했습니다.

'나도 투자금액을 키워보자. 단, 지금 하던 방법대로 투자를 해서 수익금을 키워보자.'

제가 결단한 시기를 살펴볼게요. 저는 코스닥을 주로 투자하는데, 지금 되돌아보니 그때가 거의 최상단 근처였더라고요. 코스닥이 419포인트에서 바닥을 찍고 반등을 시작했는데 제가 결정했을 때가 이미 지수가 850을 넘어선 시기였습니다.

이제 와서 보니 '좀 더 일찍 시드머니를 늘렸더라면……' 이런 아쉬움이 드는 게 사실이지만 당시엔 저의 투자 방법에 대해 확신이 서질 않았습니다. 결

심은 했지만, 돈이 하늘에서 뚝 떨어지지 않는 이상 갑자기 투자금을 키우는 것은 불가능하잖아요? 그래서 2%대 저금리를 적극 활용하겠다는 마음으로 아내를 설득하기 시작했습니다.

여보, 나 대출을 받아서 투자하려고 하거든. 나 정말 투자 잘할 수 있어. 여보도 알잖아요. 그동안 내가 얼마나 열심히 준비했는지.

대출은 좀 별로인데……. 그냥 지금처럼 투자하면 안 될까?

우리가 워낙 없이 시작했기 때문에 이렇게 안 하면 집 장만하기도 쉽지 않을 것 같아. 더 늦기 전에 제대로 투자해보고 싶어요. 나 한 번만 믿어주라. 응?

보통의 아내분들은 대출을 좋아하시지 않을 거예요. 제 아내도 다른 분들과 같았습니다. 하지만 결국 아내를 설득했는데, 제가 폈던 논리는 이것이었습니다.

1억원을 이자 3%로 빌린다고 가정해볼게. 이자가 1년에 300만원이고, 한 달 이자는 25만원 정도 발생을 한단 말이야. 내가 한 종목당 500만원 정도로 20개 종목을 투자하는 방식으로 자산을 운영할 건데, 한 달에 한 종목만 10%의 수익을 내면 50만원의 수익을 거둘 수 있고 그럼 이자비용을 내고도 25만원의 이익이 생기잖아. 이런 저금리 시대에 정말 딱 좋은 투자 방법 아닐까?

누구에게나 기회가 온다

당시 저는 한 달에 꾸준히 두 종목 이상은 수익을 낼 수 있을 거라는 확신이 있었습니다. 그래서 조금은 위험한 결정을 할 수 있었지요. 하지만 절대 대출금으로 주식을 하는 것을 권하는 것은 아님을 말씀드립니다. 여러분은 저보다 대출 이자율이 더 높을 수도 있고, 대출 한도가 다를 수 있고, 가장 중요한 것은 무조건 수익을 내리란 보장이 없기 때문이지요.

거듭 이야기하지만, 대출을 통해서 주식투자를 하는 것은 너무 위험하고 자칫 잘못하면 투자원금을 날릴 뿐 아니라 빚을 질 수도 있기 때문에 권하지 않습니다.

이런 사실을 오픈하는 것 자체가 아주 조심스럽지만 솔직하게 이야기하는 이유는, 제가 가장 많이 받는 질문 중 하나가 '투자원금(시드머니)이 얼마기에 이렇게 매달 500만원의 수익이 날 수 있나요?'이기 때문입니다.

'흙수저라면서 시드머니는 어떻게 만든 거지? 거짓말 아니야?'라고 생각하는 분이 계실 수도 있고, 이 책을 보고 저와 같은 목표 또는 저와 비슷한 목표를 만드실 많은 직장인분들도 계실 것 같아서 정말 가감 없이 저의 모든 것을 이야기해보았습니다.

당시 저는 투자의 원칙이 확립되었고 코로나19로 인한 주가폭락, 저금리 수혜로 시드머니를 키우고 월 500만원의 수익 이야기가 시작되었습니다. 투자원금을 키우고 책을 쓰고 있는 지금까지 거짓말같이 너무나 힘든 시장이 계속되고 있지만, 너무나도 감사하게 목표를 꾸준히 달성하고 있습니다.

시장은 호황과 불황이 반복됩니다. 그래서 누구에게나 인생에 한 번 정도 기회가 오는 것 같아요. 기회를 잡기 위해 꾸준히 공부하고 준비하는 게 필요하다는 이야기를 하고 싶네요. 그러면 이제부터 어떻게 제가 월급쟁이 생활을 하면서 매달 500만원의 수익을 만들 수 있었는지 하나씩 하나씩 알려드리겠습니다.

04

수익실현을 자주 해야 투자가 즐겁다
(ft. 목표수익 10%)

종목 선정은 '디노 테스트'에 통과한 것만 분산투자

'절대 달걀을 한 바구니에 담지 마라' 제가 꾸준히 월 500만원의 수익을 낼수 있었던 가장 기본이 되는 원칙입니다. 많은 재테크 관련 서적, 블로그 등에서 보신 문구죠? 종목 선정은 제가 오랜 투자 경험 속에서 만든 '디노 테스트'를 통과한 것만 골라서 분산투자합니다.

예를 들어, 주식에 투자하려는 자금이 총 1,000만원이 있다고 가정해보겠습니다. 어떤 사람들은 한 종목에 올인할 수도 있고, 어떤 사람은 두 종목에 나눠서, 어떤 사람은 100종목을 살 수도 있습니다. 하지만 저라면 투자금 1,000만원 중에서 50만원씩 20종목을 매수합니다. 저만의 매수 기준(재무, 수급, 저평가 등)인 '디노 테스트'에 통과한 종목만 선정해서 20가지 종목을 매수하는 거죠. ◆ 철저하게 분산투자를 합니다. 한 종목으로 큰 수익을 보려는 투자는 지양하고, 회전율을 높이기 위해 종목수를 많이 가져가는 것이죠.

낚싯대 여러 개 던져놓고 입질이 오는 순간 건진다!

10여 년간 주식투자를 해보니 회전율이 낮으면 투자에 대한 흥미나 열정이 오랫동안 유지되기가 어려웠습니다. 주식투자가 지루해지지 않기 위해서는 자주 수익을 실현하면서 꾸준히 수익을 내는 방법이 직장인에게 최고의 투자법이란 확신이 생겼습니다.

이 매매법은 쉽게 말해서 낚시하는 것과 같습니다. 낚싯대를 20개 던져놓고 입질이 올 때까지 기다립니다. 그리고 입질이 오면 낚싯대를 하나씩 하나씩 건져 올리면서 수익을 내는 거죠.

◆　종목 선정을 위한 디노 테스트에 대한 자세한 내용은 <둘째마당> 참고

현금 보유 10% 유지는 필수 원칙

낚싯대 매매법을 할 때, 주의해야 할 게 하나 있습니다. 이것도 제가 오랫동안 투자하면서 생긴 저만의 방법이니 참고만 하시면 될 것 같아요.

20종목을 투자한다고 앞에서 말씀드렸는데요, 그중 2가지는 '현금'이라는 종목입니다. 예를 들어보겠습니다. 제가 가진 투자금이 총 1,000만원이라면 18종목은 주식으로 보유하고, 2종목은 현금으로 보유하는 식이지요. 즉, 900만원은 주식을 매수하고, 100만원은 현금을 보유하는 겁니다.

제가 이렇게 하는 이유는 예상하지 못한 급락장이나 장기간 지속되는 하락장에서 적절히 사용할 마지막 총알이 필요하기 때문입니다. 실제로 저는 시장이 급락할 때 바닥의 시그널이 포착되면 남은 현금을 올인합니다. 그때는 물타기를 하기도 하고, 그동안 사고 싶었던 종목을 신규 매수하기도 합니다. 여기서 중요한 게 바닥의 시그널인데요, 그건 뒤에서 자세히 살펴보겠습니다.◆

목표수익률은 10%, 회전율이 중요!

자, 이번에는 입질이 왔을 때 낚싯대를 건져 올리는 기준에 대해서 살펴보겠습니다. 목표수익률을 100%로 설정하는 사람도 있고 3%만 오르면 파는 초단타 투자자도 있습니다. 제가 10여 년간 주식을 해보니, 가장 재미없는 투자는 매매가 없는 투자입니다.

....

◆　바닥의 시그널을 비롯한 매매 타이밍에 대한 자세한 내용은 <셋째마당> 참고

주식을 샀다가 물려서 원치 않는 장기투자가 되어버려서 매수 후 매도를 못하거나, 목표수익률이 너무 높아서 수익실현을 못 하는 경우도 있습니다. 둘다 매매를 띄엄띄엄 하다 보니 주식이 별로 재미가 없게 됩니다. 특히 2020년처럼 장이 좋을 때 주변에서 누가 돈을 얼마 벌었다더라, 그 친구가 수익률을 엄청 냈다더라 이런 이야기를 듣게 되면 더욱더 주식에 대한 흥미를 잃게 됩니다.

그래서 많은 주식 관련 서적에서 회전율 이야기를 다루고 있는 거죠. 매수에서 매도까지 어느 정도 꾸준히 일어나야 주식도 재미있고, 수익금으로 기분도 내고 가족들 맛있는 것도 사주면서 투자에 대한 동기부여도 적극적으로 할수 있습니다.

저의 목표수익률은 10%입니다. 수익률이 10%를 딱 찍는 순간 매도를 합니다. 때로는 장 시작부터 강하게 상한가가 나오는 날도 있고, 상한가가 아니더라도 강하게 슈팅을 주는 날이 있죠? 이런 경우는 홀딩해서 50% 이상 수익을 내는 예외의 경우도 있습니다만, 기본적으로 저의 목표수익률은 10%입니다. 수익률 10%의 매매로 같은 종목으로 단기에 여러 번 수익이 났던 경우를 살펴보면서 좀 더 구체적으로 이야기를 해보겠습니다.

05

장기보유가 정답은 아니다
(ft. 낚싯대 매매법)

디노 투자 사례 | 유나이티드제약 41.92% 수익률

앞에서 설명한 '낚싯대 매매법' 사례를 보여드리겠습니다. 제가 매매해 수익을 본 유나이티드제약이란 종목은 최초 매수가 2021년 4월 27일입니다. 얼마 지나지 않은 2021년 5월 3일 장 중 급등이 나왔고 10.86% 수익을 실현했습니다.

그런데 바로 다음 날인 2021년 5월 4일 이전 매수가 근처로 하락해 재매수를 했고, 2021년 5월 10일에 매도를 해 9.07% 수익을 냈던 종목입니다.

매수 회차	수익률	매매 시기
1차 매수	10.86%	수익 후 매도(2021년 5월 3일)
2차 매수	9.07%	추가 수익 후 매도(2021년 5월 10일)
3차 매수	10.82%	추가 수익 후 매도(2021년 7월 2일)
4차 매수	10.31%	추가 수익 후 매도(2021년 7월 19일)

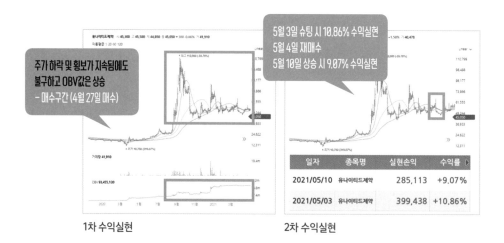

1차 수익실현   2차 수익실현

많은 분들이 그렇겠지만 저도 매도한 이후에도 종목을 모니터링하는 습관이 있습니다. 2021년 6월 16일 예전 매수가 근처까지 주가가 하락을 했고 저는 다시 매수를 했습니다.

··

❖   OBV에 대한 내용은 <둘째마당> 참고

2021년 7월 2일 해당 종목은 다시 상승해 수익률 10%를 돌파했고, 10.82%의 수익률에 매도했습니다.

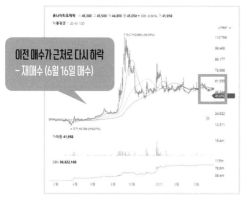

종목명	실현손익 수익률	매수수량 매수평균단가	매수횟수 매수정산금액
유나이티드제약	559,260 10.82%		

3차 수익실현

마지막으로 2021년 7월 13일에 이전 매수가 부근까지 다시 하락해 재매수했고, 얼마 지나지 않은 2021년 7월 19일 장 중 급등이 나왔고 10.31%에서 수익을 실현했습니다.

종목명 주문구분	평균매입단가 평균매도단가	매매손익 매매손익률
유나이티드제약	53,902	667,001
보통	59,600	10.31

4차 수익실현

장기투자 10.31% 수익률 vs 단기투자 41.92% 수익률
당신의 선택은?

만약, 해당 종목을 최초로 매수한 이후 장기보유했을 경우 수익률은 어떻게 되었을까요? 맞습니다. 수익률은 세사리걸음이있습니다. 하지만, 목표수익률 10%의 힘으로 짧은 기간에 총 41.92%의 수익률을 달성했습니다.

저는 이 매매 사례를 통해 회전율의 중요성을 다시 한번 느끼게 되었습니다. 제가 경험한 바로는 투자 원금의 증가를 느낄 수 있는 가장 좋은 수익률은 10%입니다. 10% 이하의 경우는 매도 후 더 오르는 경우가 많았고, 너무 높게 수익률을 잡았던 경우 목표에 다다르지 못해 매도하지 못했던 경우가 비일비재했기 때문입니다.

이해를 돕기 위해 투자원금 1,000만원으로 10%의 목표수익률로 낚싯대 매매를 하는 것으로 예를 들어보겠습니다. 50만원씩 20종목을 매수하고, 월 2회 수익실현을 한다고 가정하면 각각 5만원의 수익금 두 번을 거둘 수 있습니다. 실현 손익 기준으로 총 월 10만원의 수익이 생기는 것이죠. 그렇게 꾸준히 월 2회의 수익을 거두면 연 120만원의 수익을 거두게 되고, 원금 대비 연 12%의 수익률을 달성하게 되는 것입니다. 요즘같이 은행 금리가 1~2%인 시대에 연 금리 12%면 대단한 수익률이죠? 이렇게 낚싯대 매매법을 통해서 주식투자를 하면 어렵지 않게 수익실현의 경험을 할 수 있을 것입니다.

1,000만원으로 낚싯대 매매법 실천하기

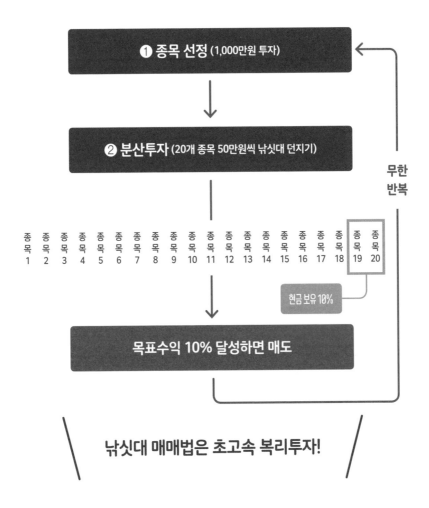

❶ 종목 선정 (1,000만원 투자)

❷ 분산투자 (20개 종목 50만원씩 낚싯대 던지기)

종목 1 종목 2 종목 3 종목 4 종목 5 종목 6 종목 7 종목 8 종목 9 종목 10 종목 11 종목 12 종목 13 종목 14 종목 15 종목 16 종목 17 종목 18 종목 19 종목 20

현금 보유 10%

무한 반복

목표수익 10% 달성하면 매도

낚싯대 매매법은 초고속 복리투자!

06

결론! 수익률보다 회전율!
급등주를 공략할 것

상승기에 10% 익절을 고집할 필요는 없지만……

모든 것에는 예외가 있습니다. 내가 사둔 종목이 개장과 동시에 상한가를 가는데 이럴 경우 군이 목표수익률 10%를 고수할 필요가 있을까요? 당연히 대답은 '아니오'라고 생각합니다.

장 시작과 동시에 갭 상승을 하면서 급등하는 종목이나 장 중에 뉴스와 함께 엄청나게 수급이 들어오면서 VI(Volatility Interruption)가 걸리는 경우는 충분히 홀딩(Holding)해 수익률을 극대화합니다.

여기서 VI란? 우리말로는 변동성 완화장치라고 부를 수 있는데요, 체결 가격이 일정 범위를 벗어나는 경우 주가 급등락을 완화하기 위해 2분간 단일가 매매 및 30초의 냉각 기간을 진행하는 가격안정화 장치라고 보면 됩니다.

☀ 디노 투자 사례 | 센트랄모텍, 나노엔텍

수익률보다 회전율이 중요했던 매매 사례를 살펴보겠습니다.

제가 매매해 수익을 본 센트랄모텍이란 종목으로 2020년 9월부터 분할 매수했습니다. 2020년 12월 20일 장 시작과 동시에 급등하더니 상한가에 안착했습니다. 이런 경우는 매수세를 먹으면서 올라가는 기세가 너무 좋아 홀딩해도 된다고 판단했고, 다음 날 2020년 12월 21일 장 시작과 동시에 갭이 떴는데 주가가 밀리는 것을 보고 매도해 최종적으로 49.65%의 수익을 냈습니다.

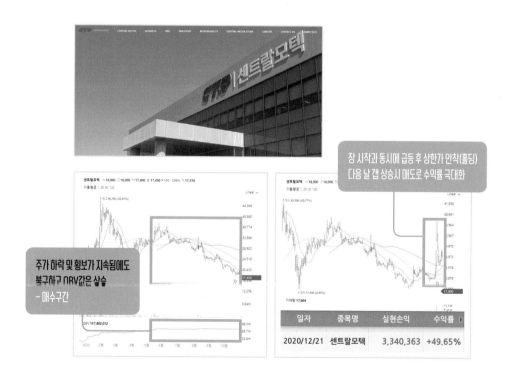

매매 사례 하나만 더 볼게요. 제가 매매해 수익을 본 나노엔텍이란 종목으로 2021년 2월부터 분할 매수했습니다. 2021년 4월 13일 장 시작과 동시에 갭을 띄우면서 바로 상한가에 안착했습니다. 이런 경우는 사실 고민할 필요가 없습니다. 아예 매도 물량이 없이 상한가로 직행했기 때문에 수익을 극대화하기에 가장 이상적인 경우죠. 그리고 다음 날 2021년 4월 14일 장 시작과 동시에 갭이 떴지만, 바로 하락으로 추세가 전환되는 것을 보고 매도해 최종적으로 38.7%의 수익을 냈습니다.

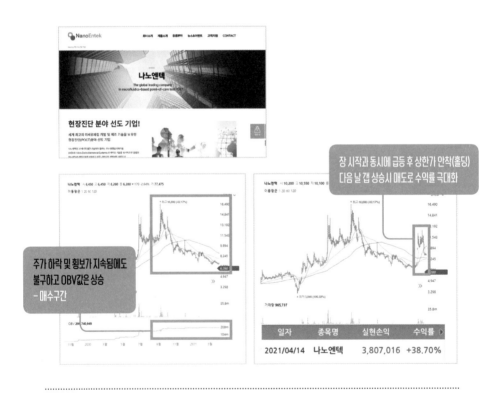

- ◆ **서킷브레이커** : 현물 및 선물시장에서 급격한 주가 변동 시 주식 거래를 일시적으로 중단시키는 제도. 국가 위기 시에 발동한다.
- ◆ **사이드카** : 급격한 주가 상승을 완화하기 위한 제도로 선물시장에서 주로 사용한다.

실제로 매매를 하면서 10% 수익에 매도해 보내준 종목들이 엄청나게 상승한 경우도 많이 있습니다. 가장 심했던 것은 '한국파마'란 종목인데 12%에 수익을 내고 매도했는데 그다음 날부터 상한가를 가기 시작하더니 연속으로 5일을 상한가를 가더라고요. 이런 종목은 잊을 수가 없습니다. 제가 팔고 나서 일주일 만에 주가는 4배 이상 올랐지요.

이럴 때는 저도 사람인지라 저의 매매방법이 틀린 것은 아닌지 고민합니다. '내 방법이 틀렸나? 조금 더 보완할 부분이 있을까?' 이런 날은 저의 매매를 돌아보면서 반성하고, 초심으로 돌아가서 공부하게 만드는 하루입니다.

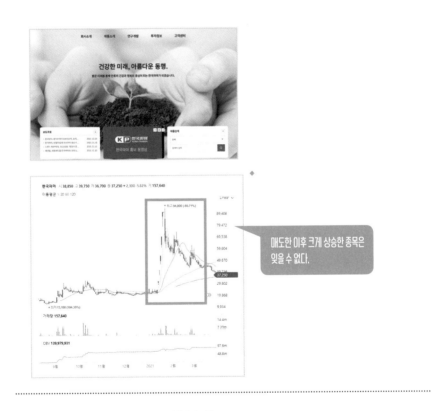

◆ 봉차트 패턴에 대한 자세한 내용은 <셋째마당> 참고

시간은 돈! 월급개미는 회전율에 방점을 둘 것

하지만, 매매를 하면 할수록 수익률보다 회전율이 높은 저만의 방법이 직장인에게는 최적이란 확신이 듭니다. 그래서 매도 후 더 오를 수도 있지만 대부분 지는 여기까지라는 마음으로 고민 없이 보내주곤 합니다.

주식시장에서 100%는 없지만, 제가 이야기한 방법을 사용하면 이기는 확률을 높일 수 있습니다. 여러분도 자신의 매매일지를 작성하고, 매매를 복기하고 반성하면서, 다시 한 단계 올라가는 하루가 되길 응원하겠습니다.

주식투자일지 (From 2020. 08.)

2022. 03월말 기준

종목	매수일	매입가	보유주	매입금액	매도일	매도가	수익률	매도금액	평가손익	비고
	2020.08.01	16,678	350	5,837,300	2020.08.25	18,550	11.2%	6,492,500	646,682	
	2020.08.01	11,590	500	5,795,000	2020.09.09	12,700	9.6%	6,350,000	547,785	
	2020.08.01	2,005	3,000	6,015,000	2020.08.27	2,145	7.0%	6,435,000	414,540	
	2020.08.01	14,438	400	5,775,200	2020.09.15	16,500	14.3%	6,600,000	814,078	
	2020.03.30	38,000	220	8,360,000	2020.12.10	60,000	57.9%	13,200,000	4,777,080	
	2020.08.01	2,385	2,500	5,962,500	2021.01.07	2,640	10.7%	6,600,000	629,213	
	2020.08.01	25,758	250	6,439,500	2020.09.18	28,300	9.9%	7,075,000	627,239	
	2020.08.01	664	15,000	9,960,000	2021.02.23	800	20.5%	12,000,000	2,013,480	
	2020.08.27	15,175	400	6,070,000	2020.09.15	16,600	9.4%	6,640,000	562,590	
	2020.08.28	25,287	220	5,563,140	2020.09.15	27,600	9.1%	6,072,000	502,245	
	2020.09.10	1,540	4,000	6,160,000	2020.10.27	1,700	10.4%	6,800,000	631,680	
	2020.09.14	15,625	400	6,250,000	2021.01.26	17,400	11.4%	6,960,000	700,770	
	2020.09.17	20,941	500	10,470,500	2021.06.04	22,200	6.0%	11,100,000	621,317	
	2020.09.17	1,721	3,300	5,679,300	2020.10.21	1,985	15.3%	6,550,500	859,874	
	2020.09.21	1,338	4,300	5,753,400	2020.10.21	1,515	13.2%	6,514,500	751,206	
	2020.09.21	6,069	900	5,462,100	2020.09.29	6,690	10.2%	6,021,000	551,634	
	2020.09.22	4,538	1,300	5,899,400	2020.12.02	5,200	14.6%	6,760,000	849,412	
	2020.09.22	9,720	1,000	9,720,000	2021.01.19	10,800	11.1%	10,800,000	1,065,960	
	2020.11.24	10,550	450	4,747,500	2020.11.27	11,800	11.8%	5,310,000	555,188	
	2020.11.24	54,400	100	5,440,000	2020.12.11	61,000	12.1%	6,100,000	651,420	
	2020.11.28	3,720	1,500	5,580,000	2020.12.02	4,185	12.5%	6,277,500	688,433	
	2020.11.28	4,912	1,100	5,403,200	2020.12.03	5,480	11.6%	6,028,000	616,678	
	2020.11.28	22,425	300	6,727,500	2020.12.21	33,650	50.1%	10,095,000	3,323,723	
	2020.12.02	3,855	3,000	11,565,000	2021.01.07	4,407	14.3%	13,221,000	1,634,472	
	2020.12.02	21,610	250	5,402,500	2020.12.08	24,150	11.8%	6,037,500	626,745	

하락장에서 당신은 어떤 투자자 타입인가?

2021년 11월 이후부터 시장이 정말 쉽지 않습니다. 이럴 때는 호가창을 잠깐 안 보는 것도 방법이지요. 하락장에 대응하는 투자자 타입을 이야기하면서 각자의 투자를 되돌아보는 시간을 가져보려 합니다.

코스피가 3,000을 돌파한 이후
연일 내리막인 증시

1. 하락장을 공격적으로 준비하는 타입

하락장이 올 것을 예측하고 주가 하락에 베팅을 하는 투자자를 말하는데요, 숏 포지션*을 잡은 투자자가 대표적입니다. 저처럼 인버스**에 투자해 수익을 내는 방법도 있습니다. 저의 경우는 코스피가 3,200을 찍었을 시점부터 매달 50만원씩 적금을 넣듯이 인버스를 사 모았고, 얼마 전에 수익을 실현했습니다. 이런 타입의 투자자는 하락장에도 수익을 낼 수 있습니다.

2. 시장이 공포에 휩싸일 때 투자하는 타입

하락장 또는 급락장이 왔을 때, 이로 인해 시장의 투심이 급격히 냉각됐을 때 주식을 매수하는 투자자입니다. 본인이 주식을 보유하는 사람은 추가 매수(물타기)를 하거나, 펀더멘탈 대비 과하게 빠진 종목을 신규 매수해 반등장을 대비하는 타입입니다. 저는 개인적으로 이런 투자를 지향하며, 이번에 급락이 나올 때 보유하고 있던 현금을 이용해 2차 매수 또는 물타기를 했습니다.

◆　　**숏 포지션** : 선물이나 옵션 등을 매도한 상태를 말하는 것으로, 가격이 하락해야 이익을 얻을 수 있다.

◆◆　**인버스** : 인버스 투자에 대한 자세한 내용은 201쪽 참고

제가 항상 말하는 '현금도 종목이다, 현금을 꼭 보유해야 한다'는 이유가 이런 장에서 빛을 발하게 됩니다. 물론 분할 매수를 하는 이유도 이런 장이 언제 올지 모르기 때문이고요.

3. 하락장을 지켜보는 타입

아무것도 안 하고 하락장을 지켜보는 투자자를 말합니다. 주식을 보유하고 있던 사람은 추가 매수 없이 하락장을 지켜보고, 주식을 신규로 매수하려는 사람도 공포감에 쉽사리 신규 진입을 못 하는 것이죠. 그래서 반등이 나올 때 그냥 관망 모드로 시간을 보냅니다.

제 생각에는 1, 2, 3번 타입의 투자자는 훌륭한 투자자인 것 같습니다. 이제는 이렇게 하면 안 되는 타입의 투자자들을 이야기해보겠습니다.

4. 하락장에 주식을 보유하다가 반등시장이 오기 전에 파는 타입

하락장을 매일매일 지켜보며 계좌의 잔고가 녹는 것에 일희일비합니다. 그렇게 하루하루를 고통스럽게 보내다 결국 시장의 공포가 극에 달할 때 손절하는 타입입니다. 저도 사람이기에 이런 심리를 이해는 하지만 이런 투자자 타입은 투자금도 잃지만, 건강도 잃을 수 있습니다. 거듭 말씀드리지만, 만약 손절을 한다면 자신의 손절 기준을 세워서 -5%, -7%가 왔을 때 조기에 해야 합니다. 계좌가 -30% 이상 되었을 때 손절하는 것은 의미가 없습니다.

5. 하락장 때 바닥에서 손절하고 반등 나오고 고점에 투자하는 타입

개인투자자들이 가장 많이 속하는 타입이 아닐까 생각합니다. 4번에서 설명한 것처럼 하락장 때 바닥에서 손절을 했습니다. 그리고 다시는 주식 안 한다고 하면서 주변에도 주식하면 안 된다고 말하고 다닙니다. 그러다가 반등이 나올 때도 관망하고 있다가, 다시 대세 상승장이 오면 주변에 돈 번 사람들 이야기를 듣고 주식판으로 복귀합니다. 그리고 고점에 주식을 매수하고 또 악순환이 반복됩니다. 주가는 하락하고 비자발적 장기투자로 이어지고 결국 손절 후 주식시장을 떠나는 타입입니다.

본인이 이런 투자자의 타입이라면, 좀 더 강한 멘탈을 만들기 전에는 주식투자를 하지 말라고 말씀드리고 싶네요.

여러분은 어떤 타입인가요?

워런 버핏은 GDP 대비
시가총액 비율이 120% 이상이면
과열이라고 했다. 코스피지수가 2,649 아래로
떨어지면 120% 이하로 진입한다.
(2022년 3월 21일 아이투자)

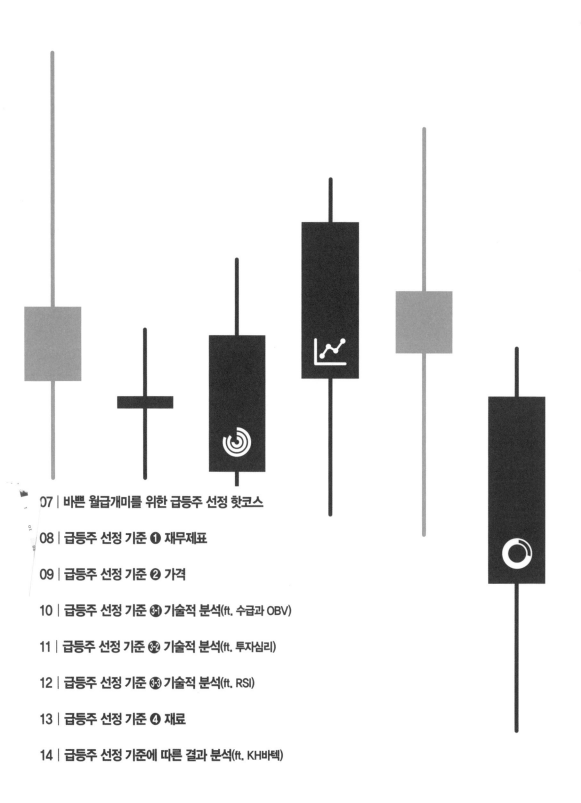

월수익 500만원 급등주 감별법
(ft. 디노 테스트)

둘 | 째 | 마 | 당

돈이 된다! 급등주 투자법

07

비쁜 월급개미를 위한 급등주 선정 핫코스

급등주 선정 4가지 기준
재무제표, 가격, 기술적 분석(수급과 투자심리), 재료

이번에는 급등주 선정에 대한 구체적인 노하우를 공개하려고 합니다. 어느덧 경력 10년이 넘었고, 수많은 시행착오 끝에 주식판에서 꾸준히 수익을 내고 있습니다. 어떻게 월 500만원씩 수익을 내기 시작했는지, 저만의 종목 선정 기준은 무엇인지 지금부터 말씀드리겠습니다.

저는 회전율이 중요하다는 생각에 급등주에 주목했는데요, 급등주를 매수하기 전 크게 재무제표, 가격, 기술적 분석, 재료 이렇게 4가지 기준을 적용하여 종목을 걸러냅니다. 이 과정을 지금부터 '디노 테스트'라 하겠습니다.

'디노 테스트'의 종목 선정 4가지 기준

1. 재무제표가 좋은가?
2. 주식의 가격은 상대적으로 덜 올랐는가? ◀ ─── 주식은 쌀 때 사서 비쌀 때 팔아야 한다. 달리는 말에는 절대로 타지 않는다.
3. 기술적 분석은 만족하는가?(수급과 투자심리) ◀
4. 재료가 좋은가? ─── 가장 중요한 것은 수급!

1달에 1번씩 꼭 실천! 급등주 찾기 루틴

❶ 위의 4가지 기준별로 5점 만점으로 평가를 하고, 총 20점 만점으로 점수를 부여합니다.

❷ 매월 1회 평가를 한 뒤, 점수가 높은 종목부터 매수를 시작합니다. 물론 그냥 사는 것은 아니고, 저만의 매수 타점이 올 때 종목을 매수하고 목표수익률을 달성하면 매도를 하고 수익을 실현하는 것이죠. ◆

❸ 매수하고 싶은 종목이 많다면 다시 4가지 기준으로 채점을 해서 1차, 2차로 걸러냅니다.

이렇게 급등주 선정 기준에 따라 매달 종목을 걸러내다 보면 투자에 대한 안목은 물론 실전 감각까지 자연스레 생깁니다. 저의 경우는 이렇게 신중하게 종목을 골라 투자하면 대부분 10% 이상의 수익을 안겨다 주었습니다.

◆ 디노의 매수 타점에 대한 자세한 내용은 <셋째마당> 참고

이어서 다음 장에서는 급등주를 고르는 기준 4가지에 대해 각각 구체적으로 살펴보겠습니다.

디노 테스트
종목 선정 4가지 기준

종목 분석 ('22.1월)

21.11.23일 기준

No.	종목	사업 및 관련 테마	재무	차트	가격	재료	합계	현재주가	비고
1		석유사업, 소비자금융사업, 휴게소사업	3	4	3	3	13	8,710	작년 배당 11%, 주봉 60주 이평선 지지
2		목재제조업 및 건자재	5	4	3	3	15	2,515	최근 목재가격 급등
3		휴대폰 부품 (삼성전자 1차밴더)	3	5	4	3	15	6,450	배당 4% 이상
4		전동공구, 자동차 모터 (파워시트, 브레이크, 스티어링휠)	4	3	4	3	14	4,115	1분기 수익 급증
5		렙승(건강기능식품, 화장품), 원료(불라탄)	4	3	4	2	13	42,150	
6		치킨	5	4	5	3	17	15,350	치킨값 인상
7		헬봉, 헬스실	5	4	5	3	16	38,000	메타버스 플랫폼 사업 추진
8		바이오 (줄기세포 치료제, 화이자 치료제 원료 공급)	5	3	5	2	15	11,900	줄기세포 소송 해소
9		철강	4	3	4	3	14	95,400	배당, 2% 이상, 어닝서프라이즈 예상
10		어토원, 라이베라어 등 화장품	5	3	5	3	16	24,950	배당 2% 이상, 1/17일 알배
11		의약품 (정산질환치료제 1위)	5	4	3	3	15	17,500	금리나19병 우들봉 약물 판매 증가
12		mRNA관련, 치매조기진단키트	5	4	5	2	16	19,200	
13		운송	2	4	3	3	12	3,605	배당 2% 이상
14		운송 (무봉 테마)	4	5	4	2	15	5,940	
15		골판지	4	4	4	3	15	2,430	임팜 호망
16		탄소배출권 테마, 질산 공급	5	3	3	3	14	23,000	배당 3% 이상
17		자동차 내장재, 건자재 등	4	4	4	3	15	4,295	배당 2% 이상
18		가성활봉, 탄산활봉 (수소헤마, 탄소중헝테마)	5	3	3	4	15	99,500	배당 2% 이상
19		광고, 미디어커머스	4	4	3	3	14	30,150	배당 2% 이상
20		인테리어	4	3	4	3	14	20,200	테슬라 주식 보유

총 20점 만점

엑셀 시트 양식은 월재연 카페 자료실 → [다운] 재테크 양식

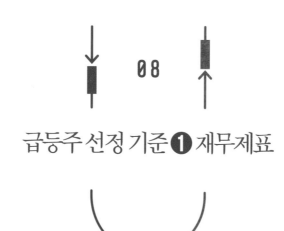

급등주 선정 기준 ❶ 재무제표

돈 버는 회사인지가 가장 중요! 적자기업은 탈락

　제가 주식투자를 할 때 무엇보다 중요하게 생각하는 건 이 회사가 물건을 팔아서 이익을 내고 있는지입니다. 이익이 꾸준히 나는 기업만이 미래가 있고, 그런 탄탄한 기본기가 있어야 사업을 확장할 수 있다고 생각합니다. 매출은 얼마인지, 이익은 나고 있는지, 부채비율은 높지 않은지, 영업이익률과 순이익률은 얼마인지 살펴보지 않고 나의 소중한 돈을 투자한다는 것은 요샛말로 '묻지마 투자'와 다를 바 없다고 생각합니다.

　하지만, 많은 개인투자자들은 익숙하지 않고 어렵다는 이유로 주식투자의 가장 기본이면서 중요한 재무제표 분석을 간과하는 경우가 많이 있습니다. 모든 것을 다 챙겨 볼 수는 없어도 주식투자를 할 때 과연 재무제표 안에서 어떻게 기업을 평가해야 하는지 기본 사항을 살펴보겠습니다.

저는 일단 적자가 나고 있는 기업은 선호하지 않습니다. 사실 무조건 탈락시킵니다. 하지만 다른 기준에는 모두 부합하는데, 재무제표만 나쁠 수도 있잖아요? 이런 경우는 가끔 실적과 별도로 매수하는 종목도 있기는 합니다. 이런 예외의 경우는 나중에 자세히 다뤄보겠습니다.

재무제표 평가 기준 살펴보기

재무제표를 볼 때 가점과 감점을 가르는 기준은 매출, 영업이익, 유보율*, 부채입니다. 가점을 줄 때는 흑자 전환 여부를 추가로 보며, 감점의 경우는 영업이익 적자 지속을 봅니다. 유보율이 높은 기업의 경우 주주들을 위해 무상증자**를 할 가능성이 높으니 참고하면 좋을 것 같아요.

가점 기준 항목

❶ 매출 증가 10% 이상 : +1
❷ 영업이익 10% 이상 : +1
❸ 전년 대비 영업이익 흑자 전환 : +1
❹ 유보율 1,000% 이상 : +1
❺ 부채비율 50% 이하 : +1

감점 기준 항목

❶ 전년 대비 매출 감소 : -1
❷ 영업이익 적자 전환 : -1
❸ 영업이익 적자 지속 : -2
❹ 유보율 300% 이하 : -1
❺ 부채비율 200% 이상 : -1

2점부터 시작
5점이 만점(상한선)

그럼 평가 기준을 살펴보겠습니다. 평가 점수는 2점부터 출발하고, 5점 만점 기준입니다.

더 중요한 평가지표들이 있지만, 직장생활을 하면서 모든 것을 살펴보는 게 쉽지 않기 때문에 3분 안에 기업을 보고 걸러낼 수 있는 저만의 기준을 쉽게 만들어보았습니다.

사용하는 MTS나 HTS로도 볼 수 있지만, 저의 경우 회사에서 쉽게 접근 가능한 네이버를 사용해서 재무제표를 주로 보고 있습니다. 접근성과 가시성 모두 초보자에게 최적화되어 있다고 생각하기 때문입니다. 예를 들어서 평가를 해보겠습니다.

네이버 메인에서 '증권' 선택 → 종목 입력 →
하단 '기업실적분석' 이동

◆ **유보율** : 이익잉여금과 자본잉여금을 합한 금액을 납입자본금으로 나눈 비율. 기업이 동원 가능한 자금을 측정하는 비율이다.

◆◆ **무상증자** : 증자, 즉 자본금을 증가시키되, 공짜로 주식을 주주에게 나눠주는 것. 주주에게 좋은 일이다. 자세한 내용은 210쪽 참고.

주요재무정보	최근 연간 실적				최근 분기 실적					더보기 ▸
	2018.12	2019.12	2020.12	2021.12(E)	2020.09	2020.12	2021.03	2021.06	2021.09	2021.12(E)
	IFRS 별도	IFRS 별도	IFRS 별도	IFRS 별도	IFRS 별도	IFRS 별도	IFRS 별도	IFRS 별도	IFRS 별도	IFRS 별도
❶ 매출액(억원)	907	979	1,442	1,952	406	435	427	433	586	
영업이익(억원)	203	208	401	520	111	143	116	102	163	
당기순이익(억원)	188	192	333	485	97	90	123	88	161	
❷ 영업이익률(%)	22.41	21.21	27.82	26.64	27.42	33.00	27.06	23.54	27.72	
순이익률(%)	20.74	19.57	23.13	24.85	23.86	20.73	28.71	20.73	27.44	
ROE(%)	14.28	12.73	18.91	21.59	18.24	18.91	20.45	20.46	22.27	
❹ 부채비율(%)	13.75	13.36	14.61		13.36	14.61	13.80	14.63	14.30	
당좌비율(%)	355.85	343.60	324.34		352.66	324.34	374.80	307.09	330.68	
❸ 유보율(%)	2,828.66	3,233.70	3,917.02		3,730.99	3,917.02	4,172.35	4,345.19	4,689.74	
EPS(원)	784	798	1,389	2,014	404	375	511	365	670	577
PER(배)	18.12	32.96	25.09	20.16	24.66	25.09	28.52	34.45	32.54	70.41
BPS(원)	5,872	6,663	8,030	10,329	7,677	8,030	8,541	8,905	9,576	10,329
PBR(배)	2.42	3.95	4.34	3.93	4.12	4.34	5.30	6.40	6.53	3.93
주당배당금(원)	-	-	-							
시가배당률(%)	-	-	-							
배당성향(%)	-	-	-							

> 재무제표 평가 기준 사례
> 출발은 2점, 총가점은 +4점.
> 합산하면 6점이지만 만점이
> 5점이므로 재무제표 평가
> 최종점수는 5점

• 분기 실적은 해당 분기까지의 누적 실적에서 직전 분기까지의 누적 실적을 차감하는 방식으로 계산되므로,
  기업에서 공시한 분기 실적과 차이가 있을 수 있습니다.
• 컨센서스(E) : 최근 3개월간 증권사에서 발표한 전망치의 평균값입니다.

먼저 ❶ **매출**입니다. 2020년 매출은 1,442억원이고, 2021년 매출은 1,979억원이 예상됩니다. 이 경우 매출이 전년 대비 10% 이상 증가했기 때문에 +1점을 부여합니다.

❷ **영업이익률**은 2021년 기준 26.38%로 가점 기준인 영업이익률 10% 이상을 만족하므로 +1점을 부여합니다.

❸ **유보율**은 3,900% 이상으로 가점 기준인 1,000% 이상을 만족하므로 +1점을 부여합니다.

❹ **부채비율**은 14.6% 정도로 가점 기준인 50% 이하를 만족하므로 +1점을 부여합니다.

감점에 해당하는 것은 하나도 없기 때문에 총 가점은 +4점이 되는 것이죠. 앞서 이야기한 것처럼, 출발은 2점이고 가점은 +4점이므로 총 6점이지만, 만점이 5점이므로, 최종적으로 재무 평가 점수는 5점이 되는 것입니다.

기본점수가 2점 이상이고, 감점이 없으므로 이 정도면 재무제표 평가는 적합한 편입니다. 그러면 재무제표 평가 기준에 따라 연습문제를 직접 풀어보겠습니다.

KH바텍 재무제표 점수 매기기

다음은 네이버에서 찾아본 KH바텍의 재무제표입니다. 재무제표 평가 기준에 따라 여러분이 직접 점수를 매겨보세요.

기업실적분석										더보기 ·
주요재무정보	최근 연간 실적				최근 분기 실적					
	2018.12	2019.12	2020.12	2021.12(E)	2020.09	2020.12	2021.03	2021.06	2021.09	2021.12(E)
	IFRS 연결	IFRS 연결	IFRS 연결	IFRS 연결	IFRS 연결	IFRS 연결	IFRS 연결	IFRS 연결	IFRS 연결	IFRS 연결
매출액(억원)	1,659	2,036	1,850	3,434	608	338	390	412	1,438	1,216
영업이익(억원)	-68	70	35	284	32	-10	7	11	141	118
당기순이익(억원)	-391	-116	-138	257	-16	-145	34	-26	187	134
영업이익률(%)	-4.10	3.43	1.91	8.26	5.27	-2.88	1.78	2.75	9.83	9.70
순이익률(%)	-23.57	-5.69	-7.46	7.49	-2.62	-43.03	8.67	-6.34	12.99	11.02
ROE(%)	-20.27	-6.36	-7.58	12.92	-8.19	-7.02	-8.94	-7.69	2.48	
부채비율(%)	71.24	53.62	68.30		76.01	68.30	74.25	81.05	110.47	
당좌비율(%)	88.63	66.98	83.17		80.06	83.17	70.65	67.34	104.83	
유보율(%)	1,738.81	1,599.35	1,479.33		1,608.20	1,479.33	1,508.10	1,486.09	1,734.28	
EPS(원)	-1,935	-542	-582	1,054	-23	-613	144	-110	789	
PER(배)	-4.23	-42.34	-35.02	20.45	-29.75	-37.81	-30.78	-36.35	112.29	
BPS(원)	9,057	8,359	7,775	9,254	8,464	7,775	7,952	7,854	9,246	9,254
PBR(배)	0.90	2.75	2.62	2.33	2.37	2.62	2.80	2.79	2.55	2.33
주당배당금(원)	-		-	-						
시가배당률(%)	-		-							
배당성향(%)	-		-							

· 분기 실적은 해당 분기까지의 누적 실적에서 직전 분기까지의 누적 실적을 차감하는 방식으로 계산되므로, 기업에서 공시한 분기 실적과 차이가 있을 수 있습니다.
· 컨센서스(E) 최근 3개월간 증권사에서 발표한 전망치의 평균값입니다.

2022년 3월 기준

🔅 풀이 | KH바텍 재무제표 총점은 5점

❶ 가점 항목으로는 2020년 매출이 1,850억원, 2021년 매출이 3,434억으로 매출 증가율이 10% 이상이므로 +1점을 매겼고, ❸ 전년 대비 영업이익이 흑자 전환해서 +1점, ❹ 유보율 1,000% 이상이므로 +1점을 매겨서 총 점수는 5점입니다. 참고로 감점 기준 항목에 해당하는 것은 없습니다.

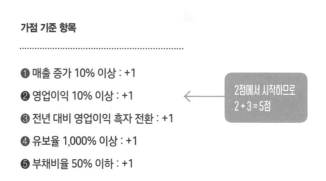

가점 기준 항목

....

❶ 매출 증가 10% 이상 : +1

❷ 영업이익 10% 이상 : +1

❸ 전년 대비 영업이익 흑자 전환 : +1

❹ 유보율 1,000% 이상 : +1

❺ 부채비율 50% 이하 : +1

2점에서 시작하므로
2 + 3 = 5점

이 종목도 재무제표 평가 기준에 적합하네요. 그렇다고 곧바로 종목을 매수해야 하는 것은 아닙니다. 이어서 다음 장에서는 가격이란 평가 기준도 함께 살펴보겠습니다.

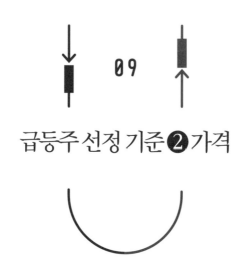

급등주 선정 기준 ❷ 가격

주식은 쌀 때 사서, 비싸게 팔아야 한다

주식투자 격언 중에 가장 좋아하는 말이 두 개 있는데요, 그중 하나는 이 말입니다.

'주식의 가장 큰 호재는 싸다는 것이다.'

맞습니다. 주식은 쌀 때 사서, 비싸게 팔아야 합니다. 전 비싼 주식은 사지 않습니다. 누군 안 그러느냐고 하실 수도 있겠네요. 그리고 이게 바닥인지 어떻게 아느냐고 하실 수도 있고요. 쉽게 이야기하면 저는 절대 달리는 말에 타지 않기 위해 심리에 좌우되지 않고 투자원칙을 지키려 합니다.

'주식은 자고로 상승하는 종목을 사야 해.'

'시장을 선도하는 종목을 사야 해.'

이렇게 생각하는 많은 투자자분들은 제 말에 동의하지 못할 겁니다. 하지만 저 같은 경우는 고점에서 충분히 하락하고 횡보하는 종목을 매수 1순위로 생각합니다. 예를 들면 이런 종목입니다.

실제로 제가 매매해 수익을 본 앤디포스란 종목으로, 2021년 8월 3일 매수를 하고 2021년 8월 27일에 매도를 해 10.66% 수익을 냈습니다.

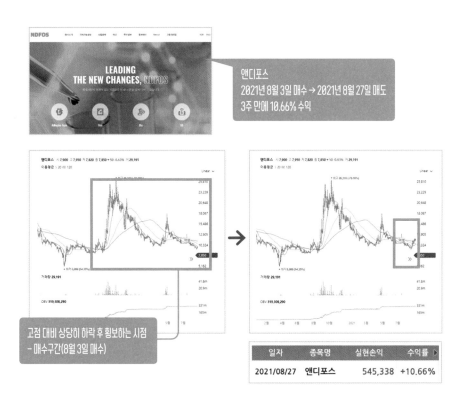

앤디포스
2021년 8월 3일 매수 → 2021년 8월 27일 매도
3주 만에 10.66% 수익

고점 대비 상당히 하락 후 횡보하는 시점
- 매수구간(8월 3일 매수)

일자	종목명	실현손익	수익률 ▶
2021/08/27	앤디포스	545,338	+10.66%

한 종목 더 살펴보겠습니다. 2021년 7월 22일 매수를 하고 2021년 9월 28일에 매도를 해 13.18% 수익을 낸 동화약품이란 종목입니다.

차트를 보면 바로 느낌이 오실 거예요. 고점 대비 충분히 하락하고 횡보한 종목입니다. 절대 지금 불을 뿜고 있는 달리는 말이 아니란 것이죠.

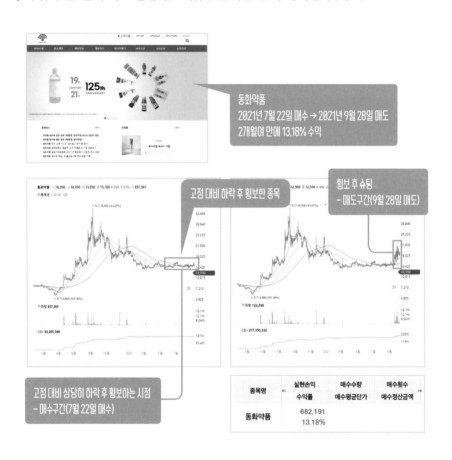

가격 평가 기준 살펴보기

그럼 가격에 대한 평가 기준을 살펴보겠습니다. 역시, 평가 점수는 2점부터 출발하고, 5점 만점 기준입니다. 차트를 보고 가격을 평가하는 것도 네이버를 이용해서 할 수 있습니다.

가점 기준 항목

❶ 고점 대비 -40% 이상 : +3

❷ 고점 대비 -30% 이상 : +2

❸ 고점 대비 -20% 이상 : +1

감점 기준 항목

❹ 바닥(저점) 대비 +300% 이상 : -3

❺ 바닥(저점) 대비 +200% 이상 : -2

❻ 바닥(저점) 대비 +100% 이상 : -1

한국정보인증 예를 들어서 같이 한번 해보겠습니다.

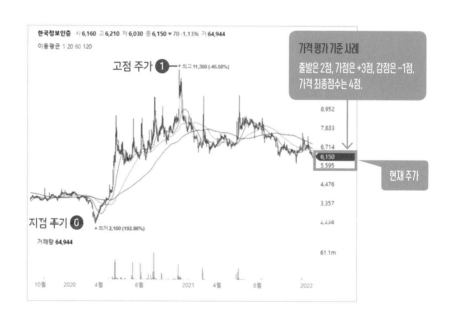

073

해당 종목의 주가의 고점은 11,300원이고, 저점은 2,100원입니다. 그리고 현재 주가는 6,150원입니다.

현재 주가는 ❶ 고점 대비 -45.5%이므로, 가점 기준에 따라 +3점을 부여합니다. ❻ 저점 대비는 +192.8%이므로, 감점 기준에 따라 -1점을 부여합니다. 출발은 2점이고 가점은 +3점, 감점이 -1점이므로 최종점수는 4점이 되는 것이죠.

KH바텍 가격 점수 매기기

다음은 네이버에서 찾아본 KH바텍의 가격지표로 앞에서 살펴본 가격 평가 기준에 맞춰 여러분이 직접 점수를 매겨보겠습니다.

2022년 3월 기준

☀ 풀이 | KH바텍 가격 총점은 4점

가점 기준 항목을 보겠습니다. 고점 가격은 31,950원, 저점 가격은 12,000원이며, 현재 주가는 22,050원입니다. ❷ 고점 대비 -30.9%이므로 +2점을 줍니다.

감점 기준 항목을 보겠습니다. 저점 대비 +83.7%이므로 0점을 주었습니다.
기본점수로 2점을 주고 가점 2점을 더하면 총 4점입니다.

가점 기준 항목

··

❶ 고점 대비 -40% 이상 : +3

❷ 고점 대비 -30% 이상 : +2

❸ 고점 대비 -20% 이상 : +1

감점 기준 항목

··

❹ 바닥(저점) 대비 +300% 이상 : -3

❺ 바닥(저점) 대비 +200% 이상 : -2

❻ 바닥(저점) 대비 +100% 이상 : -1

＊저점 대비 +83.7%이므로 : 0점(감점 X)

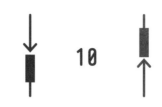

급등주 선정 기준 3-1 기술적 분석
(ft. 수급과 OBV)

모든 답은 수급(수요와 공급)에 나와 있다

제가 주식투자 격언 중에 가장 좋아하는 말 두 개 중 두 번째는 이 말입니다.

'수급은 모든 재료에 우선한다.'

우리가 통상적으로 개별종목을 논할 때 많이 이야기하는 게 펀더멘탈*입니다. 하지만 제 생각에는, 펀더멘탈보다 중요한 게 수급이라고 생각합니다.

....

◆　**펀더멘탈** : 기업의 가장 근본적이고 기본적인 기초 체력(재무건전성, 이익, 매출, 미래성장성 등)을 의미한다.

수급 분석은 미래의 주가를 예측하는 기술적 분석 기법 중 하나인데요, 제가 필승을 만들어낸 비법이기도 합니다. 모든 재화, 부동산, 그리고 주식까지 결국 수요와 공급으로 인해 가격이 측정되니까요. 사려는 사람(수요)이 많으면 결국 상승으로 이어집니다. 수급을 객관적으로 평가만 할 수 있다면, 그를 통해 수익을 낼 수 있지 않을까요? 지금부터 저만의 투자 비밀을 알려드리겠습니다.

수급을 파악하는 가장 중요한 도구는 바로 OBV입니다. 모든 MTS에서도 지원할 뿐 아니라 네이버에서도 보조지표를 열면 OBV를 볼 수 있습니다.

네이버에서 OBV 확인하기

OBV는 증권사 HTS나 MTS에서 무료로 제공하고, 네이버에서도 무료로 제공합니다. 무료인데 안 쓰면 손해겠죠?

증권사마다 차이는 있지만 OBV지표는 공통으로 제공한다.

키움증권

네이버에서 해당 종목을 입력한 후 → 차트 → 보조지표 열고 → OBV를 체크하면 차트 아래쪽에 OBV지표가 추가됩니다.

수급을 파악하는 비밀지표 OBV

OBV는 On Balance Volume의 약자로 '거래량은 항상 주가를 선행한다'라는 사실을 전제로 거래량 분석을 통해 주가의 움직임을 예측하는 데 사용되는 기법입니다. 상승한 날의 거래량과 하락한 날의 거래량을 누계하여 집계해 도표화한 것입니다. OBV를 공식으로 나타내면 아래와 같습니다.

주가가 상승했다면?
OBV = 전일 OBV + 주가가 상승한 날의 거래량

주가가 하락했다면?
OBV = 전일 OBV - 주가가 하락한 날의 거래량

오늘 주가가 상승했다면 전일 OBV에서 금일 거래량을 더하고, 주가가 하락했다면 전일 OBV값에서 금일 거래량을 빼는 거죠. 그렇기 때문에 OBV는 일반적으로 주가와 같은 방향으로 움직이기 마련이죠.
확실히 이해할 수 있게 함께 계산을 해보겠습니다.

- 조건 1. 전날까지 OBV의 값 : 500
- 조건 2. 오늘 주가 : 상승 (양봉)
- 조건 3. 오늘 거래량 : 500
▶ OBV = 전일 OBV값 + 주가가 상승한 날의 거래량 = 500 + 500 = 1,000

한 번 더 해보겠습니다.

- 조건 1. 전날까지 OBV의 값 : 2,000
- 조건 2. 오늘 주가 : 하락 (음봉)
- 조건 3. 오늘 거래량 : 800
▶ OBV = 전일 OBV값 - 주가가 하락한 날의 거래량 = 2,000 - 800 = 1,200

주가를 따르는 일반적인 OBV 사례

상승하는 종목의 경우 양봉이 많으므로 상승 시에 OBV값도 함께 올라가고, 하락하는 경우 음봉이 많으므로 하락 시에 OBV값도 함께 내리는 게 일반적입니다.

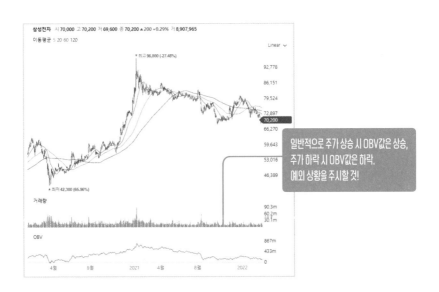

일반적으로 주가 상승 시 OBV값은 상승, 주가 하락 시 OBV값은 하락. 예외 상황을 주시할 것!

그럼 OBV가 왜 중요할까요? OBV지표가 시사하는 바를 살펴보기 위해 예를 들어보겠습니다.

주가가 상향세로 전환될 것을 보여주는 OBV 사례

첫째로, 주가가 하락하고 있는데도 OBV선이 이전의 지점 수준 이하로 떨어지지 않을 때는 시장 내부에서 매집 활동이 진행되고 있음을 반영하는 것으로, 주가는 조만간 상향세로 전환될 것으로 예측할 수 있습니다.

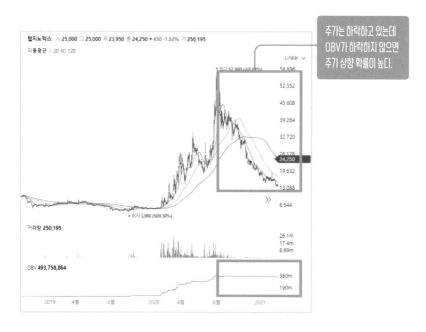

주가가 하락세로 전환될 것을 보여주는 OBV 사례

둘째, 주가가 상승하는데도 불구하고 OBV선이 이전의 고점 아래에서 머무르고 있는 것은 주가 상승에 따라 보유주식을 처분하려는 분산활동이 일어나고 있음을 반영하는 것으로, 주가는 조만간 하락세로 전환될 것으로 예측할 수 있습니다.

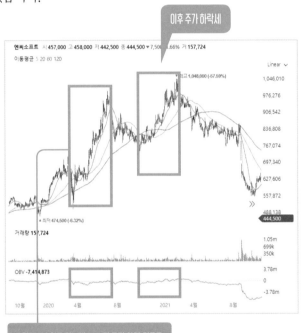

주가가 오랜 시간 횡보하고 있지만, 조만간 상승세를 보여주는 OBV 사례

셋째로, 주가가 보합권에서 파동운동을 반복하고 있을 때 OBV선의 고점이 계속 상승하고 있다면 향후의 강세를 예고하는 것이고, OBV선의 고점이 하락하면 향후의 약세를 예고하는 것으로 판단할 수 있습니다.

주가가 횡보하고 있다면 OBV는 일반적으로 유지되어야 하는 게 맞습니다. 하지만 특정 매수 주체가 기간 조정을 통해서 개미털기를 하고 있다면 주가는 횡보하지만 OBV는 상승하는 경우가 있습니다. 이런 경우 조만간 시세를 분출할 것을 기대할 수 있습니다.

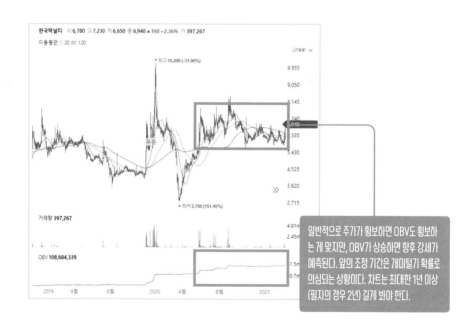

일반적으로 주가가 횡보하면 OBV도 횡보하는 게 맞지만, OBV가 상승하면 향후 강세가 예측된다. 앞의 조정 기간은 개미털기 확률로 의심되는 상황이다. 차트는 최대한 1년 이상 (필자의 경우 2년) 길게 봐야 한다.

하락 횡보하는 종목의 OBV가 꾸준히 상승하거나 유지될 경우!
급등 타이밍

모든 종목은 매매 주체가 있고, 그 매매 주체가 주가를 올리는 경우가 일반적입니다. 여기서 매매 주체는 국민연금도 될 수 있고, 외인도 될 수 있고, 개인투자자도 될 수 있는 것이죠.

우리는 매매 주체가 누구든 OBV값을 보면 어떤 세력이 털고 나갔는지 아닌지를 추측해볼 수 있거든요. 국민연금이든 큰손 개미든, 외인이든 누구든 매집을 하고 있는 것을 알 수 있는 지표이기 때문입니다.

어떤 종목이 장기간 하락 횡보했는데 거래량이 터지지 않고 있다면? 매집 중이라고 예측할 수 있는 것이죠. 전 그래서 주가가 하락하거나 횡보하는 종목의 OBV가 꾸준히 상승하거나 유지되고 있으면 이런 종목을 매수해서 기다리고 거의 90% 이상 승리 확률로 수익실현을 하고 있습니다.

다만 OBV차트를 볼 때 주의해야 할 것은, 차트를 최대한 길게 보아야 하고, 적어도 차트를 1년 이상으로 두고 봐야 한다는 것입니다. 매집을 보기 위한 것이니 장기간으로 놓아야 그것을 알아차릴 수 있습니다. 저는 차트를 2년 정도로 촘촘하게 놓고 보는 편입니다.

⚙️ 디노 투자 사례 | 녹십자엠에스 16.73% 수익실현

그럼 저의 실제 매매 사례를 보면서 다시 한 번 차트를 살펴보겠습니다. 실제로 제가 2021년 6월 17일 매수를 하고 2021년 6월 23일에 매도를 해 16.73% 수익을 낸 녹십자엠에스란 종목입니다. 주가는 하락 및 횡보세가 지속되었지만 OBV값이 상승추세이므로 매수를 진행했고, 이후 급등한 사례입니다.

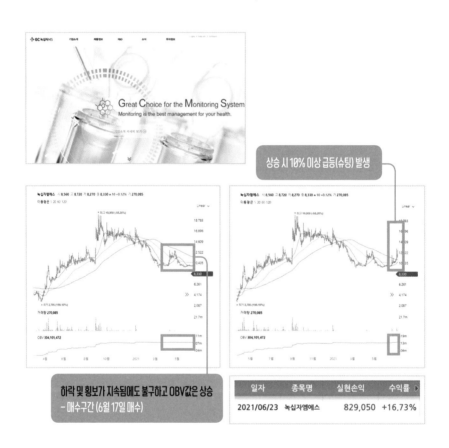

일자	종목명	실현손익	수익률 ▶
2021/06/23	녹십자엠에스	829,050	+16.73%

☀ 디노 투자 사례 │ 한국맥널티 15.51% 수익실현

　다음으로 한국맥널티란 종목으로 2021년 1월 26일 매수를 하고 2021년 3월 16일에 매도를 해 15.51% 수익을 냈습니다. 역시 장기간 하락 횡보하는 주가에도 불구하고 OBV값이 떨어지지 않고 서서히 올라가고 있어 매수했습니다. 역시 10% 이상 급등을 확인한 후 수익을 실현했습니다.

일자	종목명	실현손익	수익률
2021/03/16	한국맥널티	891,832	+15.51%

✳️ 디노 투자 사례 | 랩지노믹스 10.4% 수익실현

마지막으로 2020년 12월 23일 매수를 하고 2021년 3월 23일에 매도를 해 10.4% 수익을 본 랩지노믹스란 종목입니다.

세 종목 모두 차트를 보면, 주가가 하락하거나 장기간 횡보함에도 불구하고 OBV값은 오히려 상승하거나 유지하고 있는 종목들인 것을 볼 수 있습니다.

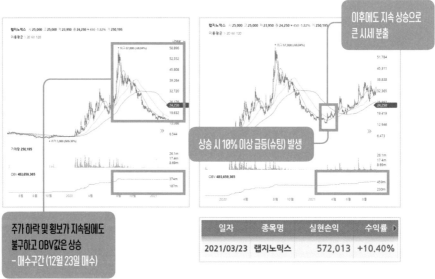

이후에도 지속 상승으로 큰 시세 분출

상승 시 10% 이상 급등(슈팅) 발생

주가 하락 및 횡보가 지속됨에도 불구하고 OBV값은 상승
- 매수구간 (12월 23일 매수)

일자	종목명	실현손익	수익률
2021/03/23	랩지노믹스	572,013	+10.40%

급등주 선정 기준 ③-2 기술적 분석
(ft. 투자심리)

투자심리 과열만 피해서 투자해도 반은 성공!

여러분, 투자심리가 과열되었다는 말 들어보셨나요? 부동산이든 주식이든 사람의 심리가 투자에 큰 영향을 줍니다. 매수하고 싶은 사람의 싸게 사고 싶은 마음과 매도하고 싶은 사람의 비싸게 팔고 싶은 심리가 함께 작용하는 시장이기 때문입니다. 분명히 중요한 지표기 때문에 미디어에서 투자자의 심리를 많이 언급합니다.

주식투자 시에 아주 두움이 되는 투자심리드른 보는 방법과 그에 따른 매수, 매도 시점을 잡는 방법에 대해서 이야기해보겠습니다.

네이버에서 투자심리도 확인하기

모든 HTS, MTS에서 무료로 제공하는 투자심리도란 보조지표가 있는 걸 아셨나요? 지금 사용하고 있는 증권사 앱이나 프로그램에서 차트설정으로 가서, 보조지표에서 투자심리도를 선택하면 비로 볼 수 있습니다. 무료로 기본 제공하는 보조지표입니다.

네이버에서는 종목을 검색하고 → 차트 → 보조지표 열고 → 투자심리를 체크하면 차트 아래쪽에 투자심리지표가 추가됩니다.

주가 상승 시 투자심리도 동반 상승

투자심리도 75% 이상은 매도 시점, 25% 이하는 매수 시점

투자심리도란 시장상황이 과열상태인지 침체상태인지 여부를 알아보는 투자지표입니다. 최근 10일간 주가 상승일수를 백분율로 나타낸 것인데, 주가가 거래일을 기준으로 매일 오른다면 투자심리선은 100%, 반대로 매일 내린다면 0%로 표기되는 것이죠.

그럼 차트를 보면서 좀 더 자세히 이야기를 해보겠습니다.

투자심리 보조지표를 활용하면 매수매도 타이밍 예측에 도움이 된다.

앞의 자료에서 하단부에 투자심리도란 보조지표 보이시나요? 투자심리도를 보고 해당 종목이 과열구간인지 침체구간인지 알아보는 게 중요합니다.

- 투자심리선의 지수가 75% 이상일 때 : 투자심리 과열구간 (매도 시점)
- 투자심리선의 지수가 25% 이하일 때 : 투자심리 침체구간 (매수 시점)

즉, 75를 터치하거나 넘어섰을 경우는 투자심리 과열로 볼 수 있고, 25 부근이나 하회할 경우는 투자심리 침체로 볼 수 있습니다.

투자심리가 침체되면 상승반전 예상 - 세아제강 사례

꼭 그런 것은 아닙니다만, 투자심리가 과열된 구간에서는 단기 하락이 나온 경우가 많습니다. 반대로, 투자심리가 침체된 경우 반등을 주는 경우가 많이 있습니다. 주가가 하락한 상태거나 하락 후 횡보된 상태일 때 투자심리가 침체구간이라면 상승반전의 가능성이 높습니다. 실제 예를 한번 보겠습니다.

세아제강이란 종목인데요, 2022년 1월 19일 투자심리도가 침체구간에 진입했습니다. 이런 경우 단기적으로는 반등의 가능성이 높다고 했죠?

투자심리 지표를 통해 2022년 1월 19일이
최선의 매수 타이밍임을 확인

2022년 1월 20일 거래량을 동반한 강한 상승이 나오는 것을 볼 수 있습니다. 바닥에서 거래량을 동반한 장대양봉이 나오는 것은 추세전환의 시그널로 볼 수도 있기 때문에 2022년 1월 19일에 매수를 했다면 가장 좋은 매수 시점이었던 것으로 볼 수 있습니다.

투자심리가 과열되면 단기하락 예상 - 동국S&C 사례

반대의 경우도 한번 살펴보겠습니다. 동국S&C란 종목으로 2020년 10월 14일 투자심리도가 과열구간에 진입했습니다. 이런 경우 단기적으로는 하락의 가능성이 높다고 이야기했죠?

다음 날인 2020년 10월 15일 단기 고점을 만들면서 위꼬리가 나왔고, 그 후 주가가 힘 한번 못 쓰고 꾸준히 하락하는 것을 볼 수 있습니다. 2020년 10월 14일에 매도를 했다면 좋은 가격으로 재매수할 기회를 잡을 수 있었을 것입니다.

투자심리 지표를 통해 2020년 10월 14일
매도하는 게 최선의 타이밍임을 확인

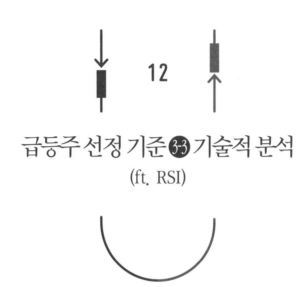

급등주 선정 기준 ③-③ 기술적 분석
(ft. RSI)

투자심리도와 함께 보면 좋은 지표 - RSI

시장상황이 과열인지 아닌지 알 수 있는 지표가 하나 더 있습니다. 바로 RSI 입니다. Relative Strength Index의 약자로 우리말로는 상대강도지수라고 말합니다. RSI는 가격의 상승압력과 하락압력 간의 상대적인 강도를 나타내는 지표로, 미래 주가의 강세 및 약세를 예측할 수 있는 보조지표입니다.

네이버을 포함한 증권사 앱에서 무료로 기본으로 제공하는 보조지표이니 지금 바로 차트설정으로 들어가 설정해보시기 바랍니다.

네이버에서 RSI 확인하는 법

네이버에서 종목을 검색하고 → 차트 → 보조지표 열고 → 투자심리도에
RSI를 체크하면 하단에 지표가 나타납니다.

RSI 70% 이상은 매도 시점, 30% 이하는 매수 시점

RSI는 투자심리도와 같이 매우 단순하여 읽기도 쉽고, 이해하기도 쉽습니다. 차트를 보면서 좀 더 자세히 이야기를 해보겠습니다.

RSI 보조지표를 활용하면 매수매도 타이밍 예측에 도움이 된다.

위 사진에서 하단부에 RSI란 보조지표 보이시나요? RSI를 보고 해당 종목이 과열구간인지 침체구간인지 알아보는 것이 중요합니다.

- RSI가 70% 이상일 때 : 초과 매수 국면 돌입 (매도 시점)
- RSI가 30% 이하일 때 : 초과 매도 국면 돌입 (매수 시점)

즉, 70%를 터치하거나 넘어섰을 경우는 과매수 국면으로 볼 수 있고, 30% 부근이나 하회할 경우는 과매도 국면으로 인식할 수 있습니다.

RSI가 침체구간 진입 단기반등 예상 - 프로텍 사례

실제 예를 한번 보겠습니다. 프로텍이란 종목입니다. 2021년 10월 5일 RSI 가 침체구간에 진입했습니다. 이런 경우 단기적으로는 반등의 가능성이 높다고 이야기했죠?

2021년 10월 6일부터 주가가 반등하기 시작해 꾸준하게 주가가 상승했습니다. 단기에 저점 대비 16% 정도 상승하는 것을 볼 수 있습니다.

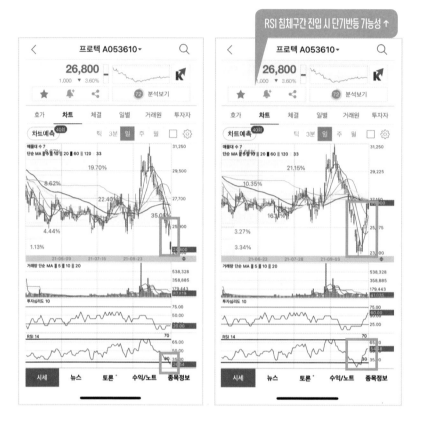

RSI가 과열구간 진입 단기하락 예상 – 동국제약 사례

반대의 경우도 한번 살펴보겠습니다. 동국제약이란 종목인데, 2021년 1월 26일 RSI가 과열구간에 진입했습니다. 이런 경우 단기적으로는 하락의 가능성이 높다고 했죠?

2021년 1월 26일 주가가 위꼬리를 보이면서 고점을 만들더니, 특별한 반등

없이 3주 정도 꾸준히 하락했습니다. 3주 동안 무려 17% 이상 하락한 것을 볼 수 있습니다.

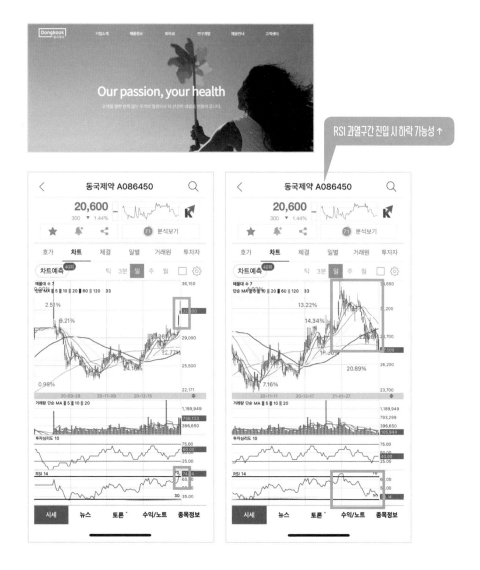

보조지표 맹신은 금물! 예외도 항상 염두에 둘 것

투자심리도와 RSI 역시 향후 주가를 예상할 때 아주 좋은 보조지표입니다. 하지만, 무엇이든 항상 맞는 것은 없습니다. 심리도에 따른 매매가 좋은 참고 자료는 될 수 있지만, 무엇이든 예외는 있고 절대로 항상 맞는 것은 없으니 절대지표로만 보지 않으면 될 것 같습니다. 하지만 참고하면 더욱더 시장을 이길 수 있을 것입니다.

이상으로 기술적 분석의 3가지 기법(OBV, 투자심리도, RSI)을 알아보았는데요, 이들 항목에 따른 평가 기준을 살펴보겠습니다.

기술적 분석(OBV, 투자심리도, RSI) 평가 기준 살펴보기

OBV와 투자심리도와 RSI지표에 대한 저의 평가 기준을 살펴보겠습니다.

❶ OBV는 심플하게 수급과 관련해서 만족스러우면 +1, 불만족스러우면 -1을 줍니다. 그리고 ❷ 투자심리도와 ❸ RSI는 침체일 경우 +1, 과열일 경우 -1을 줍니다.

평가 점수는 2점부터 출발하고, 5점 만점 기준입니다.

가점 기준 항목	감점 기준 항목
❶ OBV 만족 : +1	❶ OBV 불만족 : -1
❷ 투자심리도 침체 : +1	❷ 투자심리도 과열 : -1
❸ RSI 침체 : +1	❸ RSI 과열 : -1

KH바텍 기술적 분석 점수 매기기

다음은 KH바텍의 기술적 분석지표(OBV, RSI, 투자심리도)를 앞에서 살펴본 평가 기준에 맞춰 점수를 매겨보겠습니다.

풀이 | KH바텍 기술적 분석 총점은 3점

주가의 상승과 하락을 반복하며 큰 그림으로 볼 때 박스권에서 횡보함에도 불구하고 OBV값은 빠지지 않고 오히려 상승하여 +1점을 주었고, RSI와 투자심리도는 과열도 침체도 아닌 중간 구간에 위치하여 각 항목 모두 0점을 주었습니다. 기본점수 2점에서 시작하므로 기술적 분석 총점수는 3점으로 매겼습니다.

감점 기준에 해당하지 않으므로 매수 후보군에 들어갑니다.

가점 기준 항목

....

❶ OBV 만족 : +1

❷ 투자심리도 침체 : +1

❸ RSI 침체 : +1

감점 기준 항목

....

❶ OBV 불만족 : -1

❷ 투자심리도 과열 : -1

❸ RSI 과열 : -1

* 과열도 침체도 아닌 중간 구간이므로 :
  투자심리도와 RSI는 각 0점(감점 X)

급등하는 스팩(SPAC) 올라타야 하나?

요즘 주식시장에서 핫한 것이 스팩입니다. 이게 무엇이기에 이렇게 매일 상한가를 가고 헤드라인 뉴스에 나는 걸까요?

스팩은 무엇인가?

스팩(SPAC)은 Special Purpose Acquisition Company의 약어로 우리말로는 기업인수목적회사라 하며, 기업인수만을 목적으로 하는 페이퍼 컴퍼니입니다. 증권사가 기관투자자와 일반투자자들에게 자금을 출자받아 만드는 회사입니다. 스팩은 기관투자자들로부터 초기 출자금을 받아 설립되고, 그 이후 상장을 위한 신주 공모를 진행합니다. 새로운 투자자들로부터 대금을 신주에 대한 자금을 받은 날부터 3년 이내에 괜찮은 비상장기업을 찾아 합병을 완료하지 못하면, 스팩은 자동으로 청산되고 상장폐지됩니다. 절차가 우회상장과 비슷해 보이지만, 자금의 출처와 상장 절차가 투명하고 공개적이란 특징이 있습니다.

스팩 투자의 특징

스팩은 상장 후 36개월 이내에 인수를 하지 못하면 상장폐지되고, 투자자들에게 예치금을 반환해야 합니다. 예치금이 반환될 때 원금과 함께 이자가 지급이 됩니다. 스팩은 공모 시 모은 자금의 90% 이상을 은행 등에 예치해야 하고, 예치금에 대해서는 이자가 쌓이기 때문입니다. 원금이 보장된다는 것이 스팩 투자의 장점이죠.

스팩 투자의 단점은 거래량이 거의 없다는 겁니다. 스팩이 청산되기 전 현금화를 해야 하는 경우, 거래량이 너무 적어서 고생을 할 수도 있습니다. 급하게 팔아야 하는 상황이라면 손해를 보게 될 확률이 커지는 거죠. 기업인수가 결정이 나면 급등을 하고 거래량이 터지지만 보통은 거래량도 가격도 거의 변화가 없습니다.

스팩 투자는 해야 하나?

원금이 보장되기 때문에, 현재 주가가 공모가보다 낮다면 무조건 사두면 좋겠죠? 하지만, 이때 스팩의 만기일이 3년이란 점 체크해 두세요! 만약, 만기까지 얼마 남지 않은 스팩이 있다면 원금 회수 시기도 빨라지니 좋겠죠? 하지만, 만기일까지 보고 투자하지 않으면 손해를 볼 확률이 높기 때문에 여유자금으로 투자하는 것을 권유합니다.

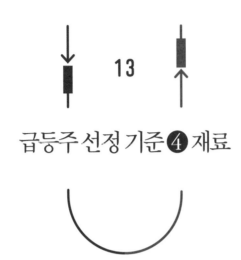

급등주 선정 기준 ❹ 재료

종목 발굴은 일상생활에 답이 있다

마지막으로, 재료에 관심을 가져야 합니다. 재료란 주가를 움직이는 다양한 요인을 의미하는 것으로, 주식시장에서 재료는 매일 쏟아집니다. 제가 생각하는 주식 종목 발굴은 일상생활 속에 답이 있습니다.

예를 들어, 지금 봄이 시작되었다면 황사가 오겠죠? 그렇다면 마스크, 공기청정기 등을 만드는 기업이 수혜를 보게 될 거예요. 전 이런 회사의 목록을 검색해서 리스트를 만들고 앞에서 살펴본 재무와 가격, 그리고 여러 기술적 분석 지표를 보고 평가 기준에 만족하는 종목을 매수합니다.

또 다른 예를 들어보겠습니다. 코로나 백신 접종률 뉴스는 정기적으로 나오고 있습니다. 백신 접종률이 최근 80%를 넘어섰다고 나오는 뉴스를 보았습니다. 이제 정말 포스트코로나 시대가 코앞으로 다가온 것이죠.

여러분 모두 얻을 수 있는 정보입니다. 최근 미디어에서 백신 접종이 완료되는 포스트코로나시대를 이야기하면서 수혜주가 무엇일지 많이 이야기하고 있습니다. 하지만, 백신 접종 초기나 백신 개발을 논하고 있을 때 수혜주를 찾은 분은 많이 없을 겁니다. 그 당시에는 오히려 진단기드니 치료제 관련 종목들이 날아갈 때였으니까요. 저는 투자자는 늘 세상의 변화에 민감하고, 특히 뉴스를 보면서 상상하고 연결 짓는 것을 잘해야 돈을 많이 벌 수 있다고 생각합니다.

이런 뉴스를 보았다면, 포스트코로나 시대에 어떤 기업의 상품이 많이 팔릴 것인가 생각하고 → 그 상품의 1등 기업을 찾아보고 → 그 상품과 어울리는 상품은 어느 것인지? → 그 상품을 홍보하는 연예인은 누구인지, 소속사는 어디인지? 꼬리에 꼬리를 물면서 생각을 이어나갑니다.

이런 질문하기에 익숙해지다 보면 투자가 좀 더 재미있어지고 남들이 하는 말을 따라 하는 투자가 아닌 주도적인 투자를 할 수 있습니다. 처음에는 시간도 많이 걸리고 힘들 수도 있고 관련 정보를 얻기 힘든 게 당연하지만, 분명 이런 노력들이 여러분에게 경제적 자유를 허락해줄 것이라고 생각합니다.

그렇다면 포스트코로나 시대에는 어떤 섹터가 또는 어떤 테마가 수혜를 입을까요? 다음 내용에 해당하는 테마가 있을 것 같네요. 어때요, 어렵지 않죠?

포스트코로나 수혜 예상 테마주 예시

- 여행, 항공

- 카지노, 면세점

- 영화, 공연, 엔터테인먼트

- 화장품

- 패션, 아웃도어

중요 이벤트 일정 챙기기는 필수

다음으로 중요 이벤트의 일정은 반드시 체크해야 합니다. 저는 이걸 기간 매매라고 부르는데, 2021년에는 대표적으로 이런 이벤트들이 있었습니다.

2021년 대표 이벤트 예시
- 쿠팡 나스닥 상장 (2월)
- 수소모빌리티+쇼 (9월)
- 누리호 발사 (10월)

쿠팡이 나스닥에 상장하는 것은 임박해서 뉴스가 났을까요? 누리호가 발사하는 것은 일주일 전에 언론에서 다루었을까요? 아닙니다. 모든 일정들은 적어도 수개월 전에 공개되었습니다. 만약 해당 이슈에 관련된 종목들도 미리 찾아보고 재무, 가격, 수급의 조건을 대입시켜서 매수했다면 아마도 큰 수익을 낼 수 있었겠죠?

디노 투자 사례 | 일진다이아 18.11% 수익실현

실제 저의 매매 사례를 살펴보겠습니다.

제가 매매해 수익을 본 일진다이아란 종목으로 2021년 5월 25일 매수를 하고 2021년 8월 30일에 매도를 해 18.11% 수익을 냈습니다.

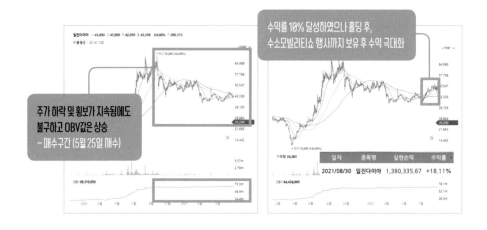

이 당시 돌아보면, 미국 대통령 선거 및 전 세계 그린뉴딜 붐이 일면서 전기차 및 수소차 뉴스가 연일 쏟아지고 있었습니다. 이때 수소 관련해 대형 이벤트가 있다면 사전에 매수하면 수익을 얻을 수 있겠다는 투자 아이디어가 떠오른 것이죠. 굵직한 관련 이벤트를 검색해보니 우리나라 굴지의 대기업들을 주축으로 수소 산업 대형 이벤트가 9월에 있었습니다.

수소 관련 대형 이벤트 검색
- 9월 7일 (화) : 현대차 수소기술 미래전략 발표
- 9월 8일 (수) : 수소기업협의체 공식 출범
- 9월 8일 (수) ~ 11일 (토) : 수소모빌리티+쇼

우리나라 10대 그룹이 주축이 된 수소기업협의체가 공식출범해 미래전략을 발표하는 행사가 있었는데 현대차, SK, 롯데, 포스코, 한화, 현대중공업, GS, 두

산, 효성, 코오롱 등이 포함되어 있었습니다. 그래서 조금 일찍 매수해 이벤트 만 목이 빠지게 기다리고 있었고, 행사가 실제로 있기 전에 매도했습니다.

재료 수집은 누구나 쉽게 볼 수 있는 네이버나 유튜브 검색 추천

'소문에 사서 뉴스에 팔아라.'

이 말 모두 아시죠? 저는 실제 뉴스가 이슈가 되는 시점에 매도를 해 수익을 실현하는 것을 즐깁니다. 일반적으로 그 시기에 개인투자자가 들어오는 것과 는 다른 매매 패턴이죠. 그렇다면 일상에서 작은 변화나 뉴스를 들었을 때 관 련 종목을 찾아야 하는데 어떤 방법이 있을까요? 저는 일단 네이버나 유튜브 에서 검색하는 것을 가장 선호합니다.

예를 들어, 앞서 이야기한 황사 관련주를 검색해보겠습니다. 이렇게 관련 포스트나 영상들이 많이 있죠? 조금만 시간을 투자하면 관련 종목을 쉽게 볼 수 있습니다.

황사 재료와 관련된 네이버, 유튜브 검색 결과

테마랩 사이트에서 종목 찾아보는 것도 추천

구글이나 네이버 검색도 시간이 걸려서 귀찮다고 생각하는 분들을 위해서 준비했습니다. 테마랩(www.theme-lab.com)이란 사이트에서 각종 테마별로 종목을 정리해 두었습니다. 이제는 관련 종목을 정말 금방 찾아볼 수 있겠죠?

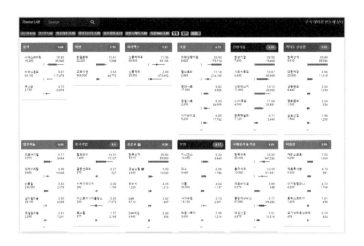

재료 평가 기준 살펴보기

그럼 재료의 평가 기준을 살펴보겠습니다. 역시 평가 점수는 2점부터 출발하고, 5점 만점입니다.

가점 기준 항목

....

❶ 구체화된 이벤트 및 호재 임박 : +1

❷ 확실한 주도 테마 : +1

❸ 기관·외국인 수급 : +1

❹ 고배당(2% 이상) : +1

❺ 어닝서프라이즈 : +1

감점 기준 항목

....

❶ 불성실 공시 : -1

❷ 악재 뉴스(대형 클레임, 계약 취소 등) : -1

개인적으로 2021년의 경우, 2차전지 및 반도체 같은 섹터를 주도 테마로 보고 가점을 줄 수 있었습니다. 그리고 최근 셀트리온 분식 회계 이슈와 같은 뉴스는 악재로 인식하고 감점을 줄 수 있죠.

배당 2% 이상과 기관·외국인 수급 역시 좋은 호재로 볼 수 있으니 꼭 반영하고, 기타 본인이 생각할 때 호재나 악재로 인식할 수 있는 것들을 하나씩 추가하면서 자기만의 평가지표를 업데이트해 나가면 정확도는 더 높아질 것이라고 생각합니다.

KH바텍 재료 점수 매기기

다음은 KH바텍 종목입니다. 재료를 중심으로 앞에서 살펴본 평가 기준에 맞춰 점수를 매겨보세요.

종목뉴스 ✓제목 ✓내용		종목뉴스 안내 ?
제목	정보제공	날짜
KH바텍, 작년 영업익 269억…전년비 663%↑	이데일리	2022.02.28 17:13
[SK證 주간추천주]임인년 이익 성장 기대…SFA반도체·KH바텍 레이	이데일리	2022.01.01 10:12
"폴더블株 KH바텍, 1월에 담아라"	한국경제	2021.12.27 17:38
└ 'KH바텍, 폴더블폰 월별 출하 여전히 강세'…목표주가 '쑥'	서울경제	2021.12.27 08:53
관련뉴스 4건 더보기 ∨		
KH바텍, 4분기도 실적 양호…목표가↑-IBK	이데일리	2021.11.17 08:58
└ 'KH바텍, 폴더블폰 힌지 생산을 성장동력으로 보유…목표가↑'-IBK	한국경제	2021.11.17 07:20
"KH바텍, 힌지사업 본격화에 실적 성장세 지속"	헤럴드경제	2021.11.01 10:46
KH바텍, 폴더블폰 흥행 속 하반기 역대급 실적 기대-한국투자證	파이낸셜뉴스	2021.10.27 08:58
[특징주]KH바텍, 폴더블폰 출하량 확대 기대에 강세	이데일리	2021.10.06 09:05
└ KH바텍, 폴더블폰 출하량 확대에 실적개선…저가매수 기회 -NH	이데일리	2021.10.06 07:47
KH바텍, 폴더블폰 출하 확대로 실적도 성장 기대…목표가↑ -NH	이데일리	2021.09.09 08:01
└ [클릭 e종목]"KH바텍, 폴더블 스마트폰 출하량 증가…목표가 12%…	아시아경제	2021.09.09 07:33
KH바텍, 교환사채 발행 호재…"증설로 힌지 생산력 높일 것"	서울경제	2021.09.07 08:31
└ 335억원 규모 자사주 처분 KH바텍, 성장계획 이행 중-한국투자증권	파이낸셜뉴스	2021.09.07 08:27
KH바텍, 335억원 규모 사모 교환사채 발행	아시아경제	2021.09.06 17:19
└ [공시]KH바텍, 335억 규모 교환사채 발행 결정	파이낸셜뉴스	2021.09.06 17:18
관련뉴스 1건 더보기 ∨		

풀이 | KH바텍 재료 총점은 4점

KH바텍은 이동통신산업이 주요 영업부문이며, 주력사업인 정밀기구 사업 외에 FPCB 관련 사업을 함께 영위하고 있습니다. 우리가 KH바텍을 바라볼 때 가장 주목해야 할 것은 힌지 부품입니다. 힌지는 폴더블폰을 접고 펼 수 있도록 하는 폴더블폰의 핵심 부품입니다. 작년에 주가가 최고점을 찍었던 이유도 삼성전자에서 폴더블폰을 출시 및 흥행으로 최대 수혜기업으로 조명되었기 때문입니다. 삼성전자가 2022년 폴더블폰 생산량을 크게 늘릴 것이라는 전망이 나오고 있습니다. 당사의 폴더블 힌지 매출 비중이 70%를 넘어가는 가운데 폴더블폰의 월별 출하 추이가 여전히 강세이기 때문에 이런 전망은 더욱더 믿을 만할 것 같습니다.

❶ 2022년 폴더블폰 생산량 증가라는 구체화된 호재로 인해 +1점을 주었습니다. 또한, ❺ 2021년 흑자전환에 이은 2022년 최대 실적 달성이 예상되어 +1점을 주었습니다. 기본점수 2점에서 시작해 재료 총점수는 4점입니다.

가점 기준 항목
....

❶ 구체화된 이벤트 및 호재 임박 : +1

❷ 확실한 주도 테마 : +1

❸ 기관·외국인 수급 : +1

❹ 고배당(2% 이상) : +1

❺ 어닝서프라이즈 : +1

감점 기준 항목
....

❶ 불성실 공시 : -1

❷ 악재 뉴스(대형 클레임, 계약 취소 등) : -1

2점에서 시작하므로
2 + 2 = 4점

14

급등주 선정 기준에 따른 결과 분석
(ft. KH바텍)

KH바텍 총점은 16점 - 매수 적합!

여기까지 종목 선정을 위해 KH바텍이란 기업을 함께 평가해 봤습니다. KH바텍의 최종점수표는 오른쪽의 표와 같습니다.

점수가 저와 비슷하게 나오셨나요? KH바텍의 경우 총점이 16점이 나왔는데요, 16점이면 일단 바로 매수해도 될 정도로 좋은 점수라고 말씀드리고 싶습니다.

KH바텍 최종 점수표

재무제표	가격	기술적 분석 (수급/투자심리/RSI)	재료
회사가 돈을 버는지 재무제표를 통해 파악한다 (매출/이익/부채비율/영업/순이익 등)	주식은 무조건 쌀 때 사서 비싸게 팔아야 한다.	수급(OBV)과 투자심리, 시장지표(RSI)를 기준으로 최적의 매수매도 타이밍을 찾아본다.	매일 쏟아지는 뉴스 속에서 보물 같은 종목을 찾아내고, 기업의 악재와 호재를 판별한다.
5점	**4점**	**3점**	**4점**
☐ 매출증가 10% 이상 +1 ☐ 영업이익 10% 이상 +1 ☐ 유보율 +1 ☐ 부채비율 +1	☐ 고점대비 +2 ☐ 저점대비 0	☐ OBV +1 ☐ 투자심리도 0 ☐ RSI 0	☐ 구체화된 이벤트 및 호재 임박 +1 ☐ 어닝서프라이즈 +1
기본점수 2+4=6 **최종점수** **5**	기본점수 2+2 **최종점수** **4**	기본점수 2+1 **최종점수** **3**	기본점수 2+2 **최종점수** **4**

총16점

2년이 넘는 시간 동안 한 달에 50개에서 100개 이상 꾸준히 평가를 해왔고, 지금도 매달 기업을 평가하고 있습니다. 그렇게 데이터를 쌓았더니 제가 분석한 기업만 어느덧 1,000개가 넘었네요. 그동안 평가한 기업들의 평가 데이터를 기준으로 분석해보니 점수 비율은 다음 페이지와 같았습니다.

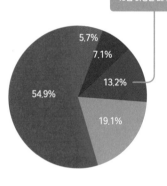

**'디노 테스트'를 거친 종목들의
총점현황표에 따른 종목분포도**

- 17점 이상 : 5.7%
- 16점 : 7.1%
- 15점 : 13.2%
- 14점 : 19.1%
- 13점 이하 : 54.9%

15점 이상은 매수 1순위

5.7%
7.1%
13.2%
19.1%
54.9%

평가 점수가 높다고 무조건 매수하지 말 것

점수에서 알 수 있듯이 15점 이상 종목의 경우 매수 1순위로 볼 수 있는 종목입니다. 다만, 평가 후 실제 매수까지 이어지지 못한 경우가 종종 있습니다.

첫 번째로 코스피·코스닥시장이 과열되어 시장의 과열이 식기를 기다리는 중에 급등이 나온 경우입니다. 평가 후 매수하지 못한 종목의 급등을 바라보는 것은 언제나 가장 안타까운 경우인 것 같습니다.

두 번째로는 평가 시에는 점수가 높았으나, 매수할 당시 RSI와 투자심리도가 과열구간으로 진입한 경우입니다. RSI와 투자심리도는 매일같이 변화하므로 평가하는 시기에 따라 상당히 달라질 수가 있습니다. 하지만 저의 경우는 기업을 분할해 매수하기 때문에 15점 이상 받은 기업의 경우 웬만하면 항상 매수를 했습니다.

디노의 최우선 평가 기준은? OBV

종목을 선정할 때, 점수로 정량화하지만 그래도 가장 우선하는 게 무엇이냐고 물어보는 분들이 종종 있습니다. 아무래도 제가 가장 좋아하는 격언인 '수급은 모든 재료에 우선한다'가 힌트인데요, 무엇인지 아시겠나요? 바로 OBV입니다.

가진 돈이 한정되어 있기 때문에 점수가 동일한 종목 중 하나를 골라야 할 경우, 앞서 설명한 OBV의 조건에 가장 부합하는 종목을 선정하는 게 저의 마지막 비법입니다. 이제 정말 다 말씀드렸네요.

평가하는 게 처음엔 시간도 많이 걸리고, 어떤 종목을 평가해야 할지 감이 안 잡힐 겁니다. 이미 주식을 하던 분들은 본인이 보유하고 있는 종목부터 평가해보고, 나의 매매를 돌아보길 추천합니다. 이제 막 주식을 시작한 분들은 오늘 뉴스에서 본 주제를 가지고 관련 종목을 찾아보고 평가해보는 것을 추천합니다.

그렇게 하다 보면 언젠가는 종목당 5분도 안 되는 짧은 시간에 분석을 마칠 수 있는 날이 올 것입니다. 포기하지 말고 꾸준히 하여 저만의 이 노하우가 여러분의 노하우가 되길 응원하겠습니다.

디노의 매수 우선 순위

디노의 생각 나누기 ❶ - 재테크 공부법

재테크 공부가 힘든 왕초보들에게

요즘 너무 피곤했는지 어제는 아이들보다 먼저 잠들었네요. 나이 마흔이 넘으니 체력이 급저하된 것 같아요. 블로그 이웃분 중 한 분이 저에게 어떻게 직장을 다니면서 재테크 공부를 했는지 물어보셨어요. 제가 어떻게 공부했는지, 지금은 어떻게 하고 있는지 그 이야기를 한번 해보려고 합니다.

저는 2009년 신림동 원룸에서 신혼생활을 시작했습니다. 친구들이나 회사 동기들은 아파트에서 시작하는데 전 시작이 너무 미약했습니다. 그래서일까요? 절박함이 있었습니다. 아니 있는 정도가 아니라 아주 많았습니다. 직장생활을 하고 좋은 남편, 좋은 아빠의 역할을 하면서 재테크 공부까지 하려니 시간이 너무 부족했습니다. 그래서 선택한 것이 잠을 줄이고 공부를 하는 것이었습니다.

그때는 지금처럼 유튜브와 같은 영상매체를 통해서 지식을 얻기가 힘든 때였습니다. 그래서 책을 읽기 시작했습니다. 주로 자기개발서와 경제 관련 서적에 집중했어요. 책을 봐도 도통 무슨 말인지 모르겠고, 책이 너무 안 읽혔습니다. 한 줄 한 줄 줄을 그으며 읽어서 그런지 속도가 너무 안 나서 책 한 권 읽기가 쉽지 않았습니다.

콩나물 키울 때 물을 흘려보내듯, 정보도 그렇게 흘려보내자

그러다 제 인생을 바꾸는 일이 생깁니다. 여러분 혹시 콩나물 키워보셨나요? 콩나물은 물에 담겨 있지도 않고 흙에 심는 것도 아닙니다. 콩나물콩을 콩시루에 넣어두고 물을 부어줍니다. 물을 그냥 콩나물콩에 흘려보내면 됩니다. 그리고 빛이 들어가지 않게 천을 덮고, 또 일정 시간이 지나면 물을 부어줍니다.

이렇게 그냥 물을 붓기만 하는데 한 일주일이 지나면 콩에서 나온 싹이 자라서 우리가 아는 콩나물이 되어 있습니다.

제가 읽었던 책에서 사람의 생각도 콩나물 키우는 것과 같다고 했습니다. 책을 꼼꼼히 보는 것도 중요하지만 그렇게 하지 말고, 콩나물 키울 때 물을 주듯이 머리에 그냥 부으란 거였죠. 그렇게 계속 책의 정보를 머리로 흘려보내고 흘려보내고 하다 보면 자기만의 생각이 자라난다는 것이었습니다.

바로 이거다 싶었습니다. 머리를 세게 한 대 맞은 것 같았죠. 저에게 강력한 영향을 준 이 글을 만난 후, 책을 그냥 쏟아부었습니다. 손에 잡히는 대로, 닥치는 대로 읽었습니다. 내용이 이해가 안 되어도 그냥 지나가고 어찌 됐든 책을 끝까지 읽었습니다.

묵묵히 노력하다 보면 성공의 변곡점이 온다!

그렇게 3년이 안 된 기간 동안 100권이 넘는 책을 읽었을까요? 정말 제가 달라져 있었습니다. 이 기간을 지나고 나서 책을 보기 시작하니 '이거 전에 봤던 그거랑 비슷한데?' '이 말이 그거였구나!' 하는 생각이 들었습니다. 책을 이해하는 능력이 길러지고, 책의 내용을 받아들이는 속도도 더 빨라졌습니다.

여러분도 경제나 자기개발 서적 읽어보셨죠? 사실 비슷한 내용이 많이 있습니다. 그 정보들이 반복되어 들어가면서 제 안에 자리를 잡았던 것 같습니다.

물론 지금도 책을 읽고 있고, 많은 정보를 유튜브를 통해서 얻고 있습니다. 배움엔 끝이 없고, 요즘 같은 뉴노멀시대에는 과거의 정보보다 새로운 시각이 필요하기 때문입니다. 이기기 위해서 노력해야 합니다. 거저 얻을 수 있는 것은 없습니다. 그런 요행은 오래 가지 못합니다.

우리 독자분들의 성투를 기원합니다. 그리고 인생의 행복을 응원합니다.

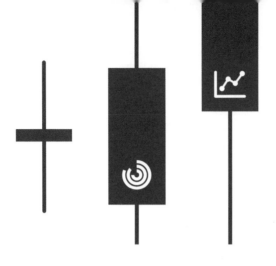

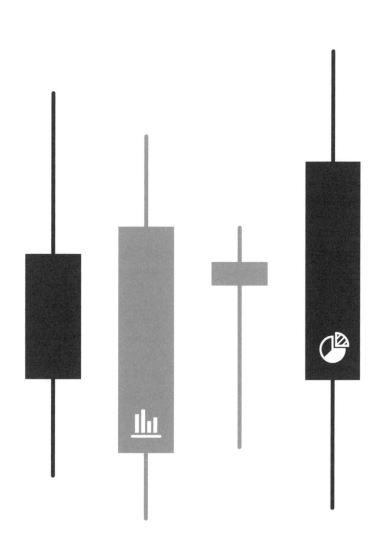

월급개미 디노의
급등주 매매기술

셋 | 째 | 마 | 당

돈이 된다! 급등주 투자법

하락폭이 커지면 약수익에 매도하라

지수가 10% 빠지면 개별종목은 20~30% 급락

2021년 하반기는 쉽지 않은 장이었습니다. 특히 11, 12월은 매우 어려운 장이었어요. 급락이라고 부를 수 있을 정도로 단기에 코스피·코스닥지수가 고점 대비 10% 이상 하락한 경우가 있었으니까요. 이렇게 지수가 10% 이상 빠지면 개별종목의 경우 20% 이상 빠지는 경우가 일반적이고 심한 종목들은 30% 이상 하락하기도 합니다.

이런 급락장을 지나면서 본인의 보유종목이 30% 이상 하락했다면 이런 경우는 목표수익률을 어떻게 가지고 가야 할까요? 여전히 목표수익률을 10%로 설정해야 할까요? 이런 경우는 조금 다르게 접근할 필요가 있습니다.

하락장이 끝나고 주가가 반등하는 경우, OBV를 만족하고 재무가 좋은 기업이 주가 회복이 빠릅니다. 하지만 -30%에서 10% 수익을 내려면 너무나 큰 상승이 필요합니다. 그렇기 때문에 이런 경우 약수익(5% 이하) 또는 매수가 근처에서 수익을 실현하고 다시 매수 기회를 노리는 게 필요합니다.

평상시
10% 목표수익

하락시
5% 이하 목표수익

2보 전진을 위한 1보 후퇴!
목표수익 고집하지 말고 다음 기회를 노릴 것

예를 들어서 설명해보겠습니다.

A라는 종목을 10,000원에 매수했고 현재 주가는 30% 하락해 7,000원이라고 가정해보겠습니다. 7,000원에서 50% 상승하면 주가는 10,500원이 됩니다. 저점 대비 50%나 상승했는데도 불구하고 최초 매수가 대비 5% 정도만 수익인 것이죠.

아시는 바와 같이 한 번에 50% 이상 상승하기는 쉽지 않습니다. 그렇기 때문에 30% 이상 하락한 경우에는 목표수익률을 수정해 약수익인 5% 또는 매수가 근처에서 수익을 실현하는 게 현실적이란 거죠. 10% 목표수익을 꼭 채우려고 기다리다가는, 매도하지 못하고 다시 하락하는 경우가 비일비재하기 때문입니다.

<사례> 매수가 10,000원, 현재가 7,000원 ← 한 번에 50% 이상 상승은 어렵다!

30% 하락한 주식, 당신이라면?

<조언> 목표수익 수정! 매수가 근처까지 오면 매도! ← 분할 매수의 중요성과 약수익 매도의 필요성

- 50% 상승해도 10,500원, 최초 매수가 대비 5% 수익 수준

- 10% 목표수익 수정하고 매수가 근처까지 오면 매도!

수익과 손실에 대한 자신만의 기준이 필요

하지만, 이런 특별한 경우가 아니고서는 평상시엔 수익률 10%를 달성하기 위해 노력해야 합니다. 수익이 나면 안절부절못하고, 손실이 나면 비자발적 장기투자를 즐기는 그런 투자자가 되면 안 됩니다. 수익은 잘 참고, 손실에는 분할 매수로 대응하는 현명한 투자자가 되어야 합니다.

손실에 절대 관대해지지 마십시오.

그런 투자자는 주식시장에서 승리할 수 없습니다.

수익에 조급해하지 마십시오.

시세를 분출하는 쾌감을 느낄 수가 없습니다.

이런 이유로 수익과 손실에 대한 기준이 필요한 것이고, 현금 보유가 중요

하고 분할 매수가 중요한 것입니다.

　다음 장에서는 목표수익률보다 더 중요한, 주식을 싸게 사는 방법에 대해 이야기해보려고 합니다. 어떻게 분할 매수해 매수단가를 낮추고 수익을 극대화할 수 있을지 알아보겠습니다.

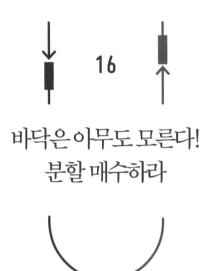

바닥은 아무도 모른다!
분할 매수하라

하락하고 횡보하는 종목부터 분할 매수!

주식투자 하는 분들 중 워런 버핏을 모르는 분은 없을 것이라고 생각합니다. 사실 주식투자를 하지 않아도 거의 다 알 정도로 주식투자의 대가죠. 그런 워런 버핏의 유명한 투자 원칙이 있습니다.

첫째, 돈을 잃지 마라.
둘째, 첫 번째 원칙을 반드시 지켜라.

이 문구를 처음 봤을 때의 느낌은 정말 어이없을 정도로 단순하지만, 수익을 반드시 내야 하는 투자자에게 가장 기본적인 원칙이 아닐까 하는 생각이었습니다. 그래서 돈을 잃지 않으려면 어떻게 해야 할까, 항상 이길 수는 없겠지만 어떻게 하면 잃을 확률을 낮출 수 있을까를 고민해봤습니다. 그 결과 앞선 글에서도 말씀드린 것과 같이 가격이 이미 올라서 비싼 주식은 사지 않는다는 결론을 낸 것입니다.

저는 고점에서 충분히 하락하고 횡보하는 종목을 매수 1순위로 생각하고 있습니다. 하지만 바닥이라고 생각하고 매수한 주식이 바닥이 아닐 수도 있잖아요? 제가 신은 아니니 틀릴 수 있습니다. 그래서 전 매수를 할 경우에는 분할해서 매수를 합니다.

하락 시 분할 매수는 현금 동원 여부가 포인트

제가 50만원으로 한 종목을 매수할 경우를 예로 들어보겠습니다.

첫 번째 매수에서 30만원을 사용하고 → 매수가에서 5%가 빠지면 10만원 사용하고 → 매수가에서 또 10%가 빠지면 10만원 사용하고 이렇게 총 50만원을 나누어서 분할 매수를 합니다.

만약 이렇게 분할 매수를 했는데도 하락이 지속되어 손실이 커질 경우, 바닥 시그널(투자심리도 및 RSI 사용)◆을 캐치해 추가 매수를 해 매수단가를 낮출지 말지 고민합니다. 앞에서 현금 보유 비율을 20종목 중 2종목이라고 말했지요. 이때가 바로 현금이란 종목을 사용할지 말지 결정하는 시기입니다.

◆　자세한 내용은 170쪽 참고

상승 시 목표수익 달성하면 매도, 분할 매수 중단

그럼 반대로, 1차 매수만 했는데 주가가 바로 오르면 어떻게 해야 할까요? 예를 들어서 설명해보겠습니다.

50만원으로 한 종목을 매수할 경우, 50만원 중에 30만원만 매수를 했는데 주가가 바로 상승이 나온 경우입니다. 이런 경우 매수 목표금액이 다 채워지지 않았다고 추격매수를 해야 하는 게 맞을까요?

저의 경우는 30만원만 매수했을지라도, 목표수익률 10%에 도달하면 수익 실현을 합니다. 물론 당초 목표 매수금인 50만원이 채워지지 않아 수익금은 상대적으로 적을 수 있지만, 손실에 대한 고민과 스트레스 없이 바로 수익을 실현하게 해주었으니 더 좋은 게 아닐까요?

잃지 않으려면 수익금보다 수익률이 더 중요!

수익금이 크면 좋겠지만 더 중요한 것은 목표했던 수익률이라고 생각합니다. 그리고 1만원의 수익금이라도 수익은 언제나 옳습니다.

거듭 이야기하지만, 수익을 극대화하는 것도 중요하지만 지지 않는 투자를 하는 게 월급쟁이 직장인에게는 더 중요하다고 생각합니다.

절대로 손절은 하지 않는다!

애초에 손절할 수 없는 종목을 매수하자

절대로란 말은 아무 데나 쉽게 사용하면 안 되는 단어라고 생각합니다. 많은 고수분들도 손절에 대해 저마다 입장이 다른데 제가 절대로란 단어를 사용하니 약간은 걱정이 앞서네요. 손절 기준은 언제나 갑론을박이 많더라고요.

제가 지금까지 투자를 하면서 정말 많은 주식투자 및 재테크 관련 서적을 읽었습니다. 많은 필자들이 손절의 중요성에 대해서 이야기하고 있고 저 역시 아주 중요하다고 생각합니다. 제가 손절을 하지 않는 이유를 말하기 전에 다음의 조건을 만족하는 종목이 있다고 가정해보겠습니다.

❶ 재무가 좋고 ❷ 수급도 좋고 ❸ 상대적으로 다른 종목보다 덜 올랐으며 ❹ 시장에서 관심 가질 수 있는 재료까지 있다면……

위의 기준을 다 만족하는 종목인데, 단지 주가가 하락했다고 손절해야 할까요? 이제는 이야기가 좀 다르지 않나요? 위의 조건들을 다 만족하는 종목이라면, 시장의 악재 또는 단기적인 수급의 문제로 하락을 할 수는 있지만 기업의 펀더멘탈은 문제가 없다고 생각합니다.

위의 4가지 조건*은 앞에서 다룬 '디노 테스트'에 대한 내용이며 제가 주식 투자를 할 때 종목을 선정하는 기준입니다. 손절을 하지 않기 위해 앞서 말했던 기준을 세웠던 것이고, 철저하게 각 기준별로 평가해 최종 매수 종목을 선정합니다. 그렇게 엄격하게 선정한 종목을 철저하게 분할 매수했던 저의 매매법을 믿기 때문에 손절하지 않습니다. 손절하게 되면, 그동안 쌓였던 수익이 한순간에 사라지게 되고 그만큼의 시간도 날아가기에 결국 제로섬 게임이 되고 마는 것이죠.

꼭 손절해야 한다면 손실구간 초기에!

그래서 저는 손절 없는 투자를 지향합니다. 그럼 손절은 절대 하면 안 되는 것일까요? 저는 손절을 하지 않지만 여러분은 해도 됩니다. 손절이란 게 나쁜 게 아닙니다. 생각했던 지지선이 무너질 경우 손절을 하고, 손실을 최소화하

◆   디노 테스트에 대한 자세한 내용은 <둘째마당> 참고

고 다시 좋은 자리가 왔을 때 매수를 하면 되는 것입니다.

하지만, 기다리다 손절했는데 반등 나오더니 전고점보다 더 오르는 경우가 있죠? 이러면 정말 주식투자가 하기 싫고, 멘탈에 데미지를 입는 겁니다. 그래서 손절도 기준이 있어야 합니다. 만약 손절을 한다면, 자신의 손절 기준을 세워서 -5%, -7%가 왔을 때 조기에 해야 합니다. 매수할 때 자신이 생각했던 손절가를 만들고, 거기에 맞추어서 대응하는 게 필요한 것입니다. 그런데 그냥 기다리다가 -20% 이상 빠지니 공포감에 손절을 한다? 이게 가장 좋지 않은 매매 습관인 것 같습니다.

계좌가 -30% 이상 되었을 때 손절하는 것은 의미가 없습니다. 차라리 -30%가 되었다면 몇 개월, 몇 년을 기다리더라도 '존버'하는 게 낫습니다. 시장은 사이클이 있고 영원한 하락은 없습니다. 항상 하락 뒤에 반등이 있지요. 지난 역사를 돌아보면 결국 자본주의는 우상향입니다. 잊지 마시길 바랍니다. 좋은 종목을 매수했다면 시간은 우리 편입니다.

손절 가능한 손실구간은?

18

물타기 신공이 필요한 순간

앞에서 절대로 손절은 하지 않는다고 이야기했습니다. 대체 그럴 수가 있나? 어떻게 그렇게 하지? 물리면 몇 년이고 기다리는 것인가? 많은 의문이 드실 것 같아 그 비법을 공유해보려고 합니다. 먼저 제가 종목을 선정하고 매수할 때, 저만의 기준으로 종목을 고르기 때문에 이 종목은 확실히 갈 거란 확신이 있습니다. 그렇기 때문에 믿고 기다립니다. 종목 선정에 대한 이야기는 앞서 했으니 여기서는 다른 이야기를 해보겠습니다.

물타기 신공 3단계

제가 신이 아닌 이상 모든 종목이 매수 후 상승할 수는 없겠죠? 저도 때로는

-20%까지 빠지는 경우가 있습니다. 그럼 이런 경우는 어떻게 할까요? 저는 물타기 신공으로 탈출을 합니다. (제가 작명한 것인데 신박하죠?) 방법을 쉽게 설명해보면 이렇습니다. 예를 한번 들어보겠습니다.

키움증권 계좌로 삼성전자를 10,000원에 10주 매수했습니다. 그런데 주가가 너무 빠져서 7,000원이 되었습니다. -30%가 된 것이죠.

<사례> 키움증권 계좌에서 삼성전자를 10,000원에 10주 매수
- 매수 평단가 : 10,000원
- 현재 주가 : 7,000원
- 수익률 : -30%

이때부터 진지하게 고민을 시작합니다. 투자심리도도 보고, RSI도 살펴본 뒤 시장이 정말 바닥이라는 확신이 든다면 이제 물타기 신공 3단계를 위한 행동을 개시합니다.

1단계 | 매수한 종목 일부만 키움증권에서 대신증권으로 이동

매수한 10주 중 2주를 키움증권에서 대신증권으로 이동시킵니다. 타사 대체 출고를 하면 쉽게 옮길 수가 있습니다. 그리고 나면 저의 삼성전자 주식은 키움증권에 8주, 대신증권에 2주가 있겠죠?

2단계 | 대신증권에서 신규로 종목 매수

대신증권에서 신규로 2주를 매수합니다. 현재가가 7,000원이었으니 14,000원을 주고 2주를 더 사는 거죠. 그럼 대신증권 계좌에는 평단가 8,500원인 삼성전자 주식 4주가 있는 거죠. 만약 돈이 여유가 있다면, 더 많이 사서 평단가를 더 낮추는 것도 방법입니다. 평단가를 낮출수록 수익을 실현하기는 쉽고 빨라질 테니까요.

3단계 | 평단가가 오를 때까지 기다리기

이제 기다립니다. 그리고 낮아진 평단가가 오르면 수익을 실현합니다.

1단계	2단계	3단계
10주 중 2주를 키움증권 계좌에서 대신증권으로 이동 (타사 대체 출고)	대신증권에서 신규로 삼성전자 주식을 매수 (현재 주가 7,000원 2주 매수)	10% 수익 발생 시 매도 (9,350원 매도시 수익률 10%)
키움증권 - 보유 주식 : 8주 - 매수 평단 : 10,000원	키움증권 - 보유 주식 : 8주 - 매수 평단 : 10,000원	만약, 대신증권이 아닌 키움증권에서 추가로 2주를 매수할 경우 (현재 주가 7,000원 2주 추가 매수)
대신증권 - 보유 주식 : 2주 - 매수 평단 : 10,000원	대신증권 - 보유 주식 : 4주 - 매수 평단 : 8,500원	- 보유 주식: 12주 - 매수 평단 : 9,500원

상대적으로 적은 반등 시 수익실현 가능

결국은 멘탈 관리! 조금씩 수익을 내며 탈출하는 게 목표

그냥 물타기와 다른 게 뭐냐고 물으실 수 있겠습니다. 첫째, 이런 식으로 해보면 손절하지 않고 수익을 지켜나가고 있다는 만족감이 생깁니다. 둘째로, 주가 하락 시에 반등을 항상 줍니다. 큰 반등은 없을 수 있지만 작은 반등은 무조건 주기 마련입니다.

예를 들어보겠습니다. A라는 종목이 악재를 만나 하락하기 시작합니다. 빠져도 너무 빠져서 멘탈이 다 털렸습니다. 영원히 하락할 것 같은 종목이지만 반드시 기술적 반등 구간은 있습니다. 경제용어로 이것을 '데드캣 바운스'라고 부릅니다. 주가가 큰 폭으로 떨어지다가 잠깐 반등하는 상황을 비유할 때 쓰이는 말로, 폭락장에서도 가끔 주가가 튀어오르는 것을 죽은 고양이도 떨어뜨리면 튀어오른다는 식으로 표현한 것입니다.

이렇듯 기술적 반등은 반드시 주기 마련입니다. 물타기 신공 3단계를 거치지 않고 하나의 계좌에서만 물타기를 하면 평단가가 많이 낮아지지 않아 작은 반등 시에도 탈출하지 못하지만, 이런 방법을 사용하면 작은 반등 시 수익을 실현할 수 있습니다.

그렇게 주가가 계속 상승해 10,000원이 넘으면 약수익에 매도해 두 계좌 모두 수익을 내고 투자를 마치면 됩니다. 만약 주가가 다시 하락한다면, 물타기 신공 3단계를 반복해 조금씩 수익을 내면서 탈출하면 되는 것이죠. 이제 손절 없는 투자, 여러분도 할 수 있겠죠?

타사대체출고 살펴보기

키움증권 기준으로 말씀드릴게요. 키움증권 홈페이지의 좌측 검색창에 '타사대체출고' 입력 후
검색을 눌러주세요.

뱅킹/업무 → 서비스신청 → 입출고/대체신청 → 타사대체출고 신청 순으로 메뉴에서 찾아가
셔도 됩니다.

아래 사진에서 보이는 것처럼 '타사대체출고 신청' 화면에서 비밀번호를 입력하고 조회를 클릭
하면 현재의 주식 잔고가 보입니다. 이 중에서 출고하려는 종목을 선택하고, 아래로 화면을 내
리면 됩니다.

아래 사진과 같이 종목코드와 출고수량은 위에서 종목을 선택하면 자동으로 입력이 되며, 출고를 원하는 수량과 상대증권사, 상대지점명, 상대계좌명 휴대폰 번호, 출고사유를 입력하고 신청을 누르면 됩니다. 이때 상대지점명을 모를 경우 모바일(지점)로 기입해도 무방합니다.

타사대체출고 신청 가능 시간은 평일(영업일) 오전 7시~오후 11시이며, 타사대체출고 처리 시간은 평일 오후 1시 이전 신청의 경우, 출고접수 순서에 따라 당일 순차적으로 처리되며, 오후 1시 이후 신청의 경우 익영업일 오전에 처리됩니다.

타사대체출고 시 수수료는 건당 1,000~2,000원이 부과(증권사 별로 상이)되므로 계좌의 출금 가능 금액을 확인하여 수수료 부족으로 출고가 미처리되지 않도록 주의하시기 바랍니다.

너무 많이 물렸을 땐, 친구 매매법으로!

또 하나의 나! 분신술처럼! 친구 매매법

여러분, 인터넷에서 필승매매법으로 알려진 친구 매매법 아시나요?

1. 친구가 물린 종목을 하소연한다. 친구가 몇 % 물려 있는지 떠본다.

2. 친구가 물린 지 -20 ~ -30% 정도 되면 관심종목에 넣어둔다.

3. 친구가 -30% 이상 되어 곡소리를 내기 시작할 때 분할 매수를 검토한다.

4. 검토 후 괜찮은 종목일 경우 차트상 박스권 횡보, 저항과 지지를 그리며 정배열 차트
   를 그릴 때 분할 매수를 시작한다.

5. 조정이 끝나고 다시 반등하며 올라온다.

6. 친구 평단까지 오면 이익실현을 한다.

이 유쾌한(?) 매매법은 필승매매법으로 인터넷의 유머게시판을 떠들썩하게 했던 매매법입니다. 아무래도 개인투자자들이 워낙 많이 물렸다가 본전이 오면 매도한다는 이야기가 많으니 그것에 대한 역설이 아닌가 싶네요.

그래서 전 이 매매법은 '디노' 친구 '부지Run'에게 사용하면 어떨까 생각해 보았습니다. (둘 다 저의 닉네임입니다.) 간단히 설명하면 이렇습니다.

1단계는 '디노'가 -20%나 물린 키움증권 계좌의 종목과 동일한 종목을 '부지Run'이 대신증권 계좌에서 삽니다. 2단계는 양쪽 모두 수익이 날때까지 기다리면 됩니다. 3단계는 양쪽 모두 매도하면 끝나게 되지요.

1 단 계	2 단 계	3 단 계
키움증권 계좌에서 매수한 종목이 -20%가 되면 대신증권으로 신규 매수	주가 상승 시 대신증권 계좌의 보유 주식을 매도해 수익실현	
디노 키움증권 - 매수 평단 : 10,000원 - 현재 주가 : 8,000원 - 수익률 : -20%	키움증권 - 매수 평단 : 10,000원 - 현재 주가 : 10,000원 - 수익률 : 0%	→ 이때 키움증권 계좌도 함께 매도해 손실 없이 투자 종료
부지Run 대신증권 - 매수 평단 : 8,000원 - 현재 주가 : 8,000원 - 수익률 : 0%	대신증권 - 매수 평단 : 8,000원 - 현재 주가 : 10,000원 - 수익률 : 25%	

매수종목에 대한 확신이 있다면 추천

제가 엄격한 기준으로 고른 종목의 손실이 커졌을 경우, 저의 다른 계좌에서 매매를 해 친구 매매법과 같은 방법으로 수익을 내는 것이죠. 실제로 제가 2년 정도 이 매매법을 사용하고 있는데, 아직까지는 불패입니다. 좋은 주식을 골랐지만 마이너스 수익을 보인다면 오래 버티기가 힘듭니다. 그래서 주식투자를 심리전이라고 하지요. 멘탈을 지키며 보다 빨리 원금을 회복하고 수익을 거두는 매매법을 소개해보았습니다. 여러분이 선택한 종목이 좋은 종목이란 확신이 있으면, 더 과감하게 해볼 수 있겠죠? 여러분도 한번 해보실래요?

좀비기업은 무조건 걸러낸다!
(ft. 이자보상배율)

이자보상배율만 알아도 상장폐지를 피한다!

이번엔 주식투자 하면서 절대로 사지 말아야 하는 기업을 골라내는 방법을 알려드리려고 합니다. 이것만 알아도 상장폐지*를 피할 수 있으니 끝까지 읽어보면 도움이 될 거예요.

이자보상배율이란 기업이 수입에서 얼마를 이자비용으로 쓰고 있는지를 나타내는 수치입니다. 기업의 채무상환 능력을 나타내는 지표로 영업이익을

◆ **상장폐지** : 유가증권시장(코스피, 코스닥)에 상장된 기업이 자격을 상실해 상장이 취소되는 것이다. 상장폐지 요건에는 사업보고서 미제출, 감사의견 거절, 자본 잠식, 부도 발생 등의 사유가 있다.

금융비용(이자비용)으로 나눈 것인데, 쉽게 말하면 기업이 돈을 벌어서 이자를 갚아내는 능력을 나타내는 지표라고 보면 됩니다.

$$이자보상배율 = \frac{영업이익}{금융비용(이자비용)}$$

여러분은 이자를 내지 못하는 기업이 의외로 많다는 걸 모르셨죠? 해가 지나면 지날수록 이자가 쌓여서 빚이 커지는 기업들, 은행 대출이나 정부지원금, 유상증자 등을 통해서 겨우 상장폐지 조건을 면하고 생명을 연명하는 기업들이 꽤 있습니다.

이자보상배율 값이 1이면 이자비용과 영업이익이 같다는 의미인데요, 쉽게 말하면 이자를 내고 나면 남는 돈이 없다는 의미입니다. 1보다 크다는 것은 이자 내고 돈이 남는다는 의미이고, 1 미만이면 영업이익으로 이자비용도 못 내는 진정한 좀비기업이란 것이죠.

그렇다면 이자보상배율 값이 다음과 같은 기업 중 좀비기업은 무엇일까요?

❶ 이자보상배율 값이 1보다 큰 기업
❷ 이자보상배율 값이 1인 기업
❸ 이자보상배율 값이 1 미만인 기업

정답은 ❸입니다. 이자보상배율 값이 1 미만이란 것은 돈 벌어서 이자도 못 내는 기업이란 이야기입니다.

❶ 이자보상배율 값이 1보다 크면? - 흑자기업
- 이자를 내고도 돈이 남는다는 의미

❷ 이자보상배율 값이 1이면? - '똔똔'인 기업
- 이자 비용과 영업이익이 같다는 의미 → 이자 내고 나면 남는 돈이 없음

❸ 이자보상배율 값이 1 미만이면? - 좀비기업
- 영업이익으로 이자 비용도 못 내는 진정한 좀비기업

이자보상배율이 2인 기업은 어떨까요? 영업이익이 200원일 경우 이자비용은 100원으로, 돈을 버는 흑자기업이네요. 그렇다면 흑자기업은 무조건 투자해도 좋을까요?

흑자기업 중에서 좀비기업을 거르는 법

이자보상배율을 참고해서 적자가 나는 기업은 여러분이 알아서 걸러낼 수

있으니 흑자기업 중에 이 기업이 이자를 못 갚는 좀비기업인지 아닌지는 이자보상배율만 살펴보겠습니다. 이자보상배율은 재무제표에서 확인할 수 있는데, 키움증권 HTS인 영웅문으로 설명하겠습니다. (다른 HTS도 비슷한 경로로 확인 가능)

1 | 키움증권 영웅문에서 상장기업분석(W) 선택

먼저 키움증권 메뉴에서 투자정보 → 기업분석 → 상장기업분석(W)으로 들어가세요.

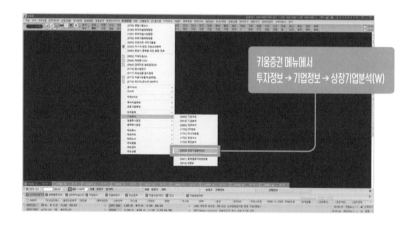

2 | 재무제표에서 재무비율정보 보기

그리고 나면 상장기업분석(W) 창이 열릴 거예요. 그 창이 열리면 기업정보 → 재무비율을 선택하세요.

3 │ 이자보상배율 확인하기

여기에서 조금만 스크롤을 내리면 재무비율에서 이자보상배율을 볼 수 있습니다.

4 | 적자기업 중 이자보상배율이 나쁜 기업 예시

이자보상배율이 공란인 것이 보이시나요? 영업이익이 마이너스인 기업은 아래처럼 이자보상배율이 공란으로 표시됩니다. 절대 매수 금지인 기업이죠.

재무비율 [누적]					단위 : %, 억원
IFRS(연결)	2017/12	2018/12	2019/12	2020/12	2021/06
안정성비율					
유동비율	74.9	74.0	100.9		
당좌비율	46.1	37.7	74.4		
부채비율	152.2	109.0	145.4		
유보율	395.5	388.6	315.1	316.4	314.8
순차입금비율	80.3	72.3	68.2	61.1	34.0
이자보상배율					
영업이익	-3	-13	-115	-32	-18
이자비용	35	24	23	39	9
자기자본비율	39.7	47.9	40.7	44.7	44.1

> 이자보상배율 1 미만인 적자기업은 좀비기업! 절대 매수 금지!

5 | 흑자기업 중 이자보상배율이 나쁜 기업 예시

아래 자료에서처럼, 흑자기업임에도 불구하고 이자보상배율이 0.8, 0.1 이렇게 1이 안 되는 경우가 빈번하네요. 이런 기업은 피하는 게 건강에 좋습니다. 다시 말씀드리지만 1이 안 된다는 것은 영업이익이 이자비용보다 적다는 의미입니다. 1년 장사해서 남는 돈으로 이자도 못 갚는다는 말이죠.

재무비율 [누적]					단위 : %, 억원
IFRS(연결)	2017/12	2018/12	2019/12	2020/12	2021/06
안정성비율					
유동비율	68.7	94.3	99.2	111.5	113.2
당좌비율	53.2	76.2	72.2	93.9	96.0
부채비율	104.1	75.8	78.2	114.6	114.3
유보율	205.0	220.8	228.4	274.6	265.0
순차입금비율	76.8	53.9	48.6	71.6	86.2
이자보상배율	1.3	0.8	1.2	0.1	0.3
영업이익	38	29	30	2	6
이자비용	30				
자기자본비율	49.0				

> 이자보상배율이 1이 안 되는 경우가 빈번(2018년, 2020년, 2021년 상반기)하다. 이자보상배율이 1이 안 된다는 것은 영업이익이 이자비용보다 적다는 것을 의미한다. 흑자기업이라 해도 피하는 게 좋다.

결국 이런 기업에 투자하면 어떻게 될까요? 자본잠식*되거나 더 심하면 상장폐지되거나 하겠죠. 생각만 해도 우울하네요. 이번엔 절대로 투자하면 안되는 기업을 알아봤습니다. 이번에도 투자에서 이기는 확률을 조금 더 높인것 같죠?

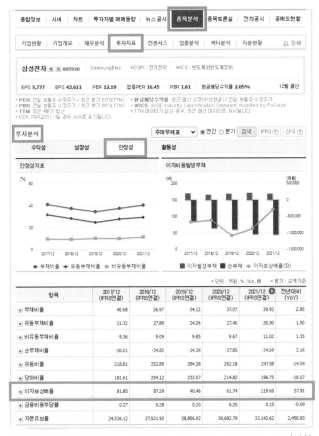

네이버메인에서 '증권' 선택 → 종목 입력 → 종목분석 → 투자지표 → 투자분석
→ 안정성 → 이자보상배율

◆ **자본잠식** : 적자가 지속적으로 누적되어 기업이 원래 갖고 있던 자기자본이 줄어드는 현상.

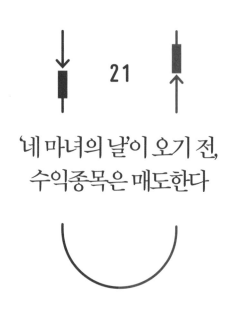

'네 마녀의 날'이 오기 전,
수익종목은 매도한다

1년에 4번 네 마녀의 날, 파생상품 만기일마다 변동성 Up

경제 뉴스나 신문에 많이 나오는 '네 마녀의 날'에 대해서 알아보려고 해요. 네 마녀의 날을 네이버에 검색해보면, 파생상품의 만기일이 겹치는 날이라고 설명을 합니다. 왕초보들도 이해할 수 있게 설명을 해야지 이렇게 말해서 누가 알아들을까요? 최대한 쉽게 설명해보겠습니다.

네 마녀의 날이란 ❶ 주가지수 선물 ❷ 주가지수 옵션 ❸ 개별 주식 선물 ❹ 개별 주식 옵션 4가지 파생상품의 만기일이 겹치는 날로, 3, 6, 9, 12월 둘째 목요일에 발생합니다. 이 날은 이 4가지 파생 상품이 만기일에 쏟아져 나와 변동성이 엄청 심해지거든요. 주가도 요동칠 때가 많아 '마녀(파생상품)가 빗자루를 타고 여기저기 싸돌아 다닌다' 이런 비유로 '네 마녀의 날'이라고 부르게 되었어요. 영어로는 쿼드러플 위칭데이라고 합니다.

쉽게 이야기하면, 우리가 거래하는 현물시장 즉, 주식시장은 만기일이 없어요. 내가 매수하고 싶으면 사고, 매도하고 싶으면 팔고 이 모든 게 투자자의 자유입니다. 하지만 위에서 이야기한 것과 같이, 옵션은 정해진 날짜(만기일)에 꼭 거래를 해야 합니다. 그래서 선물, 옵션을 정리해야 하는 매물들이 만기일에 쏟아져 나오기 때문에 주가가 출렁이게 되는 거죠.

네 마녀의 날에 항상 주가가 하락하는 것은 아니지만, 주가의 변동성이 심한 날이며 1년 중 4번 있는 날입니다. 실제 네 마녀의 날에 외인의 매수세로 인해 증시가 호재인 적도 있었고, 2021년 3월에는 사이드카* 까지 발동한 적도 있었고, 장 막판 동시호가에 엄청 패대기친 종목들도 있었습니다. 하지만, 별일 없이 조용히 넘어간 날도 있었습니다.

네 마녀의 날은 1년에 4번, 파생상품 4가지를 한꺼번에 팔기로 약속한 날!

◆ **사이드카** : 선물가격이 전일 종가 대비 코스피는 5%, 코스닥은 6% 이상 급등 또는 급락할 경우 주식시장의 프로그램 매매호가를 5분간 정지시키는 것.

네 마녀의 날이 오기 전, 이익실현 매도 추천

여러분이 보유하고 있는 주식 중에 수익 중인 종목이 있다면 주목해주세요. 설명한 것처럼 해당 일에 주가의 변동성이 상당히 크고 예상이 힘든 만큼 네 마녀의 날 전에 이익을 실현하고 현금 보유하는 게 좋다고 생각합니다. 거듭 이야기하지만, 잃지 않는 투자가 저의 가장 우선시되는 기준이기 때문입니다. 수익이 덜 나더라도, 네 마녀의 날이 지나고 불확실성이 해소되었을 때 적극 매수하기를 추천합니다.

선물과 옵션 이해하기

선물(先物)은 선도거래!

여기서 말하는 선물이 뭐지? 옵션은 또 뭐야? 라고 하시는 분들이 많을 거라고 생각합니다. 사실 선물과 옵션만 이해하면 네 마녀의 날은 자연스레 이해가 되기 때문에 쉽게 설명을 해보겠습니다.

선물거래(futures trading)는 선도거래라고 생각하면 됩니다. 즉, 미래의 가격을 예측하고 사전에 거래하는 대신 가격은 미래에 지불합니다. 물건을 주고받기 전에 선수금을 먼저 지급하고 만기 때 거래하는 것으로 이해하면 됩니다. 특정한 상품이나 자산을 미리 정한 가격에 인수할 것을 약속하는 거래지요.

예를 들어볼게요.

옥수수 사는 사람(선물 매수자) : 옥수수는 여름이 제철이니까 미리 많이 사두고 싶은데 가격이 얼마예요?

옥수수 파는 사람(선물 매도자) : 옥수수요, 작년 기준으로 하면 1kg에 100원 정도 됩니다.

옥수수 사는 사람(선물 매수자) : 좀 비싼 거 같은데, 10kg을 매수할 테니 90원에 주실래요? 딜 하실래요?

옥수수 파는 사람 (선물 매도자) : 콜! 딜 하시죠.

옥수수 사는 사람 (선물 매수자) : 자, 여기 10% 먼저 받으세요.

이렇게 거래가 이루어지고 한 달이 지나서 약속한 미래의 시점(선물 만기일)이 되었습니다. 이때 옥수수 값이 100원에서 150원으로 올랐습니다. 그럼 옥수수 매수자 (선물 매수자)는 한 달 전에 옥수수를 100원에 매수하는 거래를 했기 때문에 150원짜리 옥수수를 100원에 살 수가 있습니다. 결과적으로 150원짜리 옥수수를 100원에 샀기 때문에 50원의 이익이 발생하는 거죠. 반대로 한 달이 지나서 옥수수의 값이 100원에서 50원으로 떨어졌다면, 옥수수 매수자 (선물 매수자)는 한 달 전에 옥수수를 100원에 매수하는 거래를 했기 때문에 지금 50원 주면 살 수 있는 옥수수를 100원에 사야 하는 거죠. 앞서 말한 것과 반대로, 차액인 50원만큼 손해를 보는 구조입니다.

선물거래는 옥수수 가격이 폭등을 하든, 폭락을 하든 거래한 금액을 지불해야만 합니다. 다시 말해, 미래의 시점(선물 만기일) 기준으로 옥수수 가격(선물지수)이 폭등하면 선물 매수자인 옥수수 매수자는 이익이고, 반대로 폭락하면 선물 매도인인 옥수수 매도인이 이익이 발생하는 것이죠.

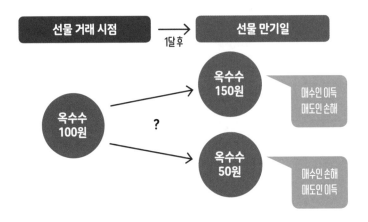

옵션은 특정 상품을 일정한 가격으로 매매하는 권리를 거래

옵션은 미래의 정산 시점(옵션 만기일)에 정해진 가격으로 사고팔 수 있는 권리를 의미합니다. 선물과 비슷해 보이는데 여기서 차이점은 선물은 정해진 만기일에 무조건 거래를 해야 하는 반면 옵션은 거래해야 할지 말지 선택하는 선택권이 있습니다.

우리가 일상생활 대화 속에서도 옵션이 여러 개 있다고 말을 하잖아요? 그런 의미로 옵션을 이해하면 쉬울 것 같아요. 옵션이란 미래의 특정한 날짜(옵션 만기일)에 특정한 자산(코스피 200

지수 등)을 일정한 가격(행사 가격)으로 일정한 수량(계약 수량)만큼 매입하거나 매도할 수 있는 권리를 말해요. 옵션은 2가지로 나뉘는데, 콜옵션은 결정된 가격으로 매수할 수 있는 권리이고,(콜 - 매수) 풋옵션은 반대로 미리 결정된 가격으로 팔 수 있는 권리를 말합니다.(풋 - 매도) 기억하기 쉽게 정리해볼게요.

콜 - 점원을 부른다. 산다는 의미 (매수)
풋 - 공을 발로 차 버린다. 판다는 의미 (매도)

예를 들어보겠습니다. 현재 옥수수 가격은 1kg당 100원이에요. 하지만, 한 달 후에는 분명히 가격 변동이 생길 것입니다. 여기에서 콜옵션 매수란 한 달 후에 옥수수 1kg을 100원에 살 수 있는 권리를 10원의 프리미엄을 주고 사는 거예요. 한 달이 지나서 옥수수의 값이 100원에서 150원으로 금액이 올랐습니다. 그렇지만, 한 달 전에 옥수수를 100원에 살 수 있는 권리를 샀기 때문에 150원짜리 옥수수를 100원에 살 수가 있습니다. 150원짜리 옥수수를 100원에 샀기 때문에 50원의 이익이 났지만, 한 달 전에 살 수 있는 권리를 10원의 프리미엄을 지불하고 샀기 때문에 결국 50원(이익금) -10원(프리미엄 금액) = 40원의 이익이 최종적으로 생기는 거죠.
반대로 한 달이 지나서 옥수수 값이 100원에서 50원으로 떨어진다면, 50원짜리 옥수수를 100원에 살 필요가 없기 때문에 그냥 100원에 살 수 있는 권리를 포기하면 됩니다. 하지만 한 달 전에 권리를 살 때 지불했던 프리미엄(10원)만큼 손해를 보게 되는 거죠.
풋옵션은 콜옵션의 반대 개념입니다. 풋옵션은 팔 수 있는 권리를 사는 거예요. 100원짜리 옥수수가 150원으로 올랐다면, 풋옵션을 매수한 사람은 옥수수를 100원에 팔 권리가 있으나 150원짜리 옥수수를 100원에 팔 필요는 없기 때문에, 프리미엄 값 10원만 손해를 보고 팔 권리를 포기하면 되는 거죠.
반대로, 100원짜리 옥수수가 50원으로 떨어졌다면, 풋옵션을 매수한 사람은 역시 100원에 옥수수를 팔 권리가 있습니다. 50원짜리 옥수수를 100원에 파니까 50원 이익이 되는 거죠.

콜옵션 매수 - 주식이 오르면 이익 무한정, 주식이 떨어지면 손해는 프리미엄
풋옵션 매수 - 주식이 떨어지면 이익 무한정, 주식이 오르면 손해는 프리미엄

이제 선물과 옵션이 이해가 되었나요?

22

환율 1,200원 기준으로 매도 여부를 판단한다

주식투자 하면서 시장의 움직임을 논할 때 항상 이야기하는 몇 가지 소재가 있습니다. 금리, 환율, 물가 등이 대표적인데요 환율이 올라서 코스피가 빠졌다는 뉴스를 자주 볼 수 있을 거예요.

환율 1,200원 넘어서면 등장하는 기사

그런데 환율이랑 주가랑 무슨 관계가 있는지도 모르고 뉴스를 기계적으로 받아들이는 분들이 있는가 하면, 환율이 오르면 주가가 빠진다는 사실조차 모르는 왕초보분들이 많아서 최대한 쉽게 환율 이야기를 해보려고 합니다.

환율이란?

환율이란 외국 돈을 살 때 지불하는 외국 돈의 가격을 이야기합니다. 예를 들어, 달러당 환율이 1,000원이라는 것은 1달러를 살 때 지불하는 가격이 1,000원이라는 것이고, 유로(euro) 환율이 1,300원이라는 것은 1유로의 가격이 1,300원이라는 것을 의미하는 것이죠.

환율의 하락과 상승의 의미를 살펴볼까요? 예를 들어보겠습니다. 1달러에 1,000원 하던 환율이 2,000원으로 올랐다고 가정해볼게요. 전에 1달러를 바꾸려면 1,000원을 주면 되었는데, 이제는 1달러를 바꾸려면 2,000원을 줘야 하는 거죠. 이 말은 우리나라 돈의 가치가 떨어졌다는 걸 말합니다. 이것을 우리는 이렇게 표현합니다.

환율과 금리의 상관관계 - 터키에서 돈이 빠져나가는 사례

먼저 돈의 움직임을 이해할 필요가 있습니다. 돈은 경기가 불황인 곳에서 호황인 곳으로 이동합니다. 예를 들면, 지금 국가 신용도가 떨어진 터키에서 돈이 빠져나가서 경기가 상대적으로 좋은 미국으로 몰리는 것으로 이해하면 됩니다.

돈의 이동

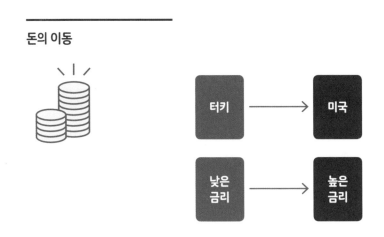

또, 돈은 금리가 낮은 곳에서 높은 곳으로 이동합니다. 만약 한국의 금리가 1%에서 5%로 오르면 어떻게 될까요? 많은 개인들은 은행으로 돈을 예치할 거예요. 왜냐하면 이자 수익이 높아졌기 때문이죠. 그럼 개인만 그럴까요? 외국인들도 한국에 투자하기 위해 많이 들어오게 될 것입니다. 그럼 상승한 금리로 인해 외국 자본이 국내로 대거 유입되고, 한국에 투자하기 위해 달러를 원

화로 바꾸려는 수요가 당연히 늘겠죠.(지금부터는 외국자본 = 달러로 표현할게요)

금리가 올라가면 이렇게 원화의 공급은 일정한데 수요가 늘게 되면서 원화의 가치는 증가하고 결국 환율은 하락하게 됩니다. 우리는 이런 경우를 원화 가치상승(평가절상) 또는 원달러 환율 하락이라고 표현합니다. 다르게 설명하자면 시장에 달러가 많이 유입되어, 달러를 쉽게 구할 수 있어 달러의 가치가 떨어진다고도 말할 수 있죠.

환율과 주가의 상관관계 - IMF 환율 급등 사례

그럼 환율과 주가와의 관계를 설명해보겠습니다. 앞서 말했던 돈의 흐름을 다시 한번 이야기하면, 돈은 경기가 불황인 곳에서 호황인 곳으로 이동합니다. 그렇기 때문에 경기가 불황인 경우, 많은 투자자들은 주식을 매도하게 됩니다. 왜냐하면 매도한 돈으로 경기가 좋은 국가로 이동해서 투자하기 위해서입니다.

우리나라로 예를 들어보겠습니다. IMF사태가 발생을 했을 때, 우리나라는 최악의 불황을 지나고 있었습니다. 그때 시장의 모든 투자자들은 (특히 외국인 자금) 주식을 매도하고 안전자산인 달러를 매수하기 시작했습니다.

원래 1,200원에 살 수 있던 달러는 안전자산 선호도가 증가하면서 달러에 대한 수요가 급증해 1,200원이었던 환율이 1,300원으로 올랐습니다. 1,300원으로 오르는 것을 보고 내일 1,400원이 되기 전에 빨리 사야겠다는 심리가 시장을 지배하게 됩니다. 그렇게 투자자들은 주식을 매도하고 서둘러 달러를 매수하려고 합니다. 이런 주식 매도와 달러 매수의 사이클이 반복되면서 주가는 폭락하고 환율은 급등을 반복하게 됩니다. 결국 환율은 1,300원, 1,400원, 1,500원…… 이렇게 오르더니 1,800원까지 오르게 됩니다. 엄청난 원화 약세와 환율 상승이 일어나게 된 것입니다.

어느 정도 이해하셨나요? 쉽게 말해보면 환율은 리스크를 측정하는 척도라고 볼 수 있을 것 같습니다. 이런 로직을 기관과 외국인 투자자들은 너무 잘 알기 때문에, 우리나라 환율이 오르면 리스크가 증가했다는 신호로 인지를 합니다. 그래서 주식을 매도하고 안전자산인 달러를 더 매수하려고 들지요. 앞에서 설명한 대로 주식 강매도와 달러 강매수의 힘의 작용이 일어나게 되고, 환율 상승은 주가 하락(주가 과매도)을 불러오게 되는 것입니다.

결론적으로, 우리나라의 경우 1,200원까지 환율이 오르거나 혹은 1,200원을 돌파할 경우 우리나라의 리스크가 커졌다고 해석할 수 있기 때문에 1,200원이 아주 중요한 것입니다. 개인투자자의 관점에서 볼 때는 반드시 사수해야 하는 최후의 보루 같은 느낌으로 보면 됩니다.

우리나라 주식시장에서 큰 매수 주체각 3가지로 나누어본다면, 외국인, 기관, 개인으로 볼 수 있습니다. 그중 한 축을 담당하고 있는 게 외국인인데, 앞서 이야기한 대로 환율이 1,200원이 되면 외국인은 주식시장에서 매도 포지션을 취하고 현금화해서 달러를 매수하는 포지션을 갖는 게 일반적인 모습입니다. 그로 인해 외국인의 주가 매도는 수급에 악영향을 끼치고 결국 지수를 끌어내리는 현상이 발생하지요.

환율이 1,200원 부근에서 움직이고 있을 경우 투자자의 포지션은 어떻게 해야 할까요? 개인투자자가 지수를 이기는 투자를 하는 것은 쉽지 않습니다. 코스피와 코스닥이 아래로 줄줄 흐르는데 개별종목에서 수익을 낸다? 이것은 어렵다는 이야기죠. 그렇기 때문에 환율이 1,200원 근처 또는 1,200원을 상방으로 뚫었다고 하면, 기존에 보유하고 있던 주식들 중 수익이 나고 있는 종목들이 있다면 현금화해 다가올 하락장을 대비하거나 환율이 안정화된 이후 다시 적극적으로 매수하는 투자를 하는 것을 권유합니다. 거듭 이야기하지만 이기는 투자만큼 지키는 투자도 중요하다는 것을 잊지 않으면 좋겠습니다.

시장은 폭락보다 불확실성을 싫어한다

트럼프 vs 바이든 미국 대선 당시 주가

2020년에 있었던, 미국 대선 때 이야기를 한번 해보겠습니다.

트럼프 연임 vs 바이든 당선. 트럼프가 연임하느냐 바이든이 당선되느냐 끝까지 알 수 없는 시장이었습니다. 정말 자주 쓰는 표현처럼 안개 속에 있는 미국 대선판이었습니다. 이런 혼조세 때문에 시장은 어디로 갈지 모르는 불안감이 가득했습니다. 트럼프가 당선될 경우 수혜산업인 에너지, 철강, 건설, 방위 산업의 주가도 오르지 못하고, 바이든이 당선될 경우 수혜산업인 전기차, 수소차, AI, 풍력, 태양광 산업의 주가도 오르지 못하고 있었습니다. 그러다 보니 미국 시장 지수는 오히려 빠지고 있었죠. 하지만 바이든이 당선되면서 불확실성이 해소되었고, 다우지수, 나스닥지수는 지금까지 강세를 보이며 상승하고 있습니다.

암호화폐 규제와 주가

2021년도에 주식보다 더 핫했던 투자 섹터가 무엇이었을까요? 지금은 조금 시들해졌지만, 비트코인으로 대표되는 암호화폐시장이라고 생각합니다. 2021년 4월말쯤 그 당시에 또 제 직장 동료들과 이야기해보면 코인이 가장 핫했고, 그다음으로는 공매도 이슈가 핫했습니다. 동료들이 그런 걱정을 많이 하더라고요.

"코인 규제한다는데 그럼 폭락하는 거 아냐?"

"공매도 재개하면 어쩌지? 또 급락하는 거 아냐?"

이런 불안감을 다들 가지고 있습니다. 이럴 때 투자자는 어떤 포지션을 가지게 될까요? 상승보다는 하락에 무게를 두고 생각하게 되고, 이에 따라 보통은 보수적으로 투자하려고 현금화를 하게 됩니다. 좀 더 공격적인 분들은 하락에 베팅을 할 수도 있겠네요.

그런데 막상 코인이 제도권에 들어오게 되고 세금을 걷는 게 공식화된다면? 그리고 주식시장의 공매도가 실제로 재개된다면? 그럼 시장은 어떻게 움직일까요?

이상하게도 실제로 시행이 되면 보통 불안감은 사라지고, 그 상황에 맞춰서 다시 투자자들은 포지션을 잡습니다. 그렇게 자금이 유입되고 수급이 좋아지면서 시장은 안정화됩니다.

연준의 금리인상과 주가

그럼 최근 이야기를 한 번 더 예로 들어보겠습니다. 2021년 12월에 가장 시장을 흔들었던 뉴스는 인플레이션과 금리인상이었습니다. 그 당시 미국의 인플레이션 우려에 대한 이야기가 연일 나오고 있었습니다. 이로 인해 연준은 인플레이션 억제를 위해 그동안 보였던 비둘기파적인 스텐스가 아닌 매파적인 발언을 내세웠습니다. 연준은 12월 연방공개시장위원회(FOMC) 의

사록에서 "앞서 예상했던 것보다 더 일찍 또는 더 빠르게 기준금리를 올리는 게 정당화될 수 있다"고 말하면서, 연준이 현재 8조8,000억 달러에 달하는 보유 자산을 축소하는 양적 긴축을 시작할 수 있다고 말을 했고, 이 발언으로 시장이 불확실성에 노출되면서 단기에 시장은 강하게 하락했습니다.

하지만 2022년 1월 13일, 2021년 12월 미국 소비자 물가지수가 7%를 기록했다고 발표했습니다. 미국소비자물가지수가 1980년대 이후 최고 수치를 기록한 것이었죠. 40년 만에 최대 인플레이션이란 말이었는데 거짓말처럼 발표 이후 시장은 강하게 반등을 했습니다. 7%의 소비자물가지수는 시장의 기대치에 부합했고, 불확실성이 해소된 시장에 더 이상 해당 이슈는 악재가 아니라고 판단했기 때문입니다.

불확실성에 대비하는 게 투자의 우선순위

그래서 언젠가부터 저의 경우, 불확실성에 대비하는 것을 투자의 우선순위에 두고 있습니다. 앞서 말씀드린 네 마녀의 날 전이나, 설 연휴와 추석 연휴와 같은 명절 연휴 전 수익 중인 종목들을 처분한 뒤 명절 이후 다시 재매수를 하고 있습니다. 명절 기간 동안 혹시 모를 악재나 리스크가 발생할 것을 대비하기 위함입니다. 또한, 2022년 1월 단군 이래 최대 공모주였던 LG에너지솔루션처럼 시장의 자금을 블랙홀처럼 흡수하는 대형 공모주 청약 전에 보유 주식 중 수익 중인 종목을 처분해 현금화하고 리스크를 헷징했습니다. 대형 공모로 인해 일시적으로 시장의 수급이 꼬일 것을 예상했기 때문입니다.

시장은 불확실성을 가장 싫어합니다. 그럼 어떻게 해야 할까요? 시장이 싫어하는 불확실성으로 불안감이 팽배할 때에 매수해야 합니다. 요샛말로 '줍줍'해야 하는 겁니다. 이럴 때 손절이나 배노하게 퇴면, 일미 지니지 않이 반동히는 시장을 보며 후회하게 됩니다. 독자분들도 주식투자를 시작하셨다면, 이런 불확실성에 민감하게 반응해 손실을 최소화하고 수익을 극대화할 수 있는 투자를 하길 응원하겠습니다.

23

장단기금리 역전 시 폭락장에 대비한다

폭락장은 예측 가능한가?

2020년 코로나19 이후 동학개미운동 붐이 일어나면서, 최근 주식을 시작하신 분들이 많은 것 같아요. 특히 2020년에 시작한 분들은 전례 없는 상승장에 들어와서 '주식시장은 원래 이렇게 수익을 거두기 쉽나?'라고 생각하는 분도 있었을 거예요. 하지만 2021년엔 만만치 않다는 것을 느꼈을 거 같아요.

전 취업과 동시에 주식을 시작했으니 주식을 시작한 지 15년 가까이 되었습니다. 그동안 정말 무서운 일을 두 번 겪어봤습니다. 저보다 투자를 더 오래 하신 분들은 IMF도 겪어보셨겠지만, 저의 경우는 2008년 금융위기라고 불리는 리먼브라더스 사태와 작년 코로나19로 인한 폭락장을 겪어봤네요. 그리고 기억나는 작은 폭락 이벤트로는 브렉시트, 그리스 국가 부채 위기 등이 있습니다. 제가 경험한 폭락에는 시그널들이 있었는데요, 그것이 무엇인지 알아보겠습니다.

2008년 금융위기 - 리먼브라더스 사태란?

폭락의 시그널을 살펴보기 전에 금융위기가 온 상황들부터 살펴볼게요. 코로나19는 다들 아실 것 같고, 2008년 리먼브라더스 사태는 무엇인지 간단하게 이야기해볼게요. 리먼브라더스는 골드만삭스, 모건스탠리, 메릴린치와 함께 미국 4대 메이저 은행이라고 말할 수 있습니다. 이런 대형 은행이, 2007년부터 불거진 서브프라임모기지 사태로 휘청거리다 결국 2008년 한화 650조에 육박하는 부채에 부도가 나게 된 사건입니다.

리먼브라더스 사태는 왜 일어났을까요? 그 전에 여러분은 모기지가 뭔지 아시나요? 쉽게 말하면 모기지론(mortgage loan)은 부동산을 담보로 장기주택 자금을 대출해주는 제도로 '주택담보 장기대출'이라고 보면 됩니다. 그럼 서브프라임모기지는 뭘까요? 신용도가 낮은 모기지를 말하는데요, 미국은 주택담보대출의 등급 신용도에 따라 아래와 같이 나누어서 대출을 해줍니다. 그러니까, 서브프라임모기지론은 신용도가 낮은 서민들을 대상으로 한 대출인 거죠.

신용도가 높으면   >   신용도가 중산이면   >   신용도가 낮으면

프라임   **알트**   **서브프라임**

그렇다면 리먼브라더스 사태는 왜 일어났을까요? 2000년이 되면서 저금리 시대가 열리고 이로 인해 유동성이 풍부해지면서, 자산가치의 강한 상승이 나오게 됩니다. 이러다 보니 부자부터 서민들까지 너도나도 대출을 받아서 집을 사려고 했습니다. 기존의 신용이 낮은 사람에게 대출을 안 하던 은행들은 주택 가격의 강한 상승을 보고 자세를 바꾸게 됩니다. 신용등급이 낮은 서브프라임 등급 사람들에게도 주택담보대출을 실행하게 되죠.

하지만 언제나 영원한 상승은 없죠? 급상승하던 집값은 드디어 하락하기 시작했고, 때마침 서민들 대출 상품이었던 서브프라임 연체율이 높아지기 시작합니다. 결국 2007년 4월 미국 뉴센트리 파이낸셜 회사가 파산신청을 하면서 그것을 시작으로 모기지론 상품의 연체가 발생했고 결국 '리먼브라더스 사태'까지 이어지게 된 것입니다.

리먼브라더스 사태 전 시그널 - 장단기금리 역전

그 당시 어떤 징후가 있었는지 살펴볼까요? 제가 생각할 때 가장 중요한 시그널은 바로 장단기금리 역전 현상입니다. 원래 금리는 단기금리보다 장기금리가 높은 게 당연한 것이죠. 1년 동안 돈을 빌려주는 것보다 10년 만기로 빌려주는 게 기회비용이 크기 때문에 당연히 높은 것이죠. 예금 및 적금의 경우에도 1년짜리 적금은 1%인데 10년짜리 적금은 2%까지 주는 경우도 있는 것이 이런 이유입니다.

저의 경험상, 그리고 저의 지식으로는 시장의 버블이 터지기 직전에는 장단기금리 역전 현상이 일어났습니다. 물론 장단기금리의 역전으로 인한 경기 침체의 연관성은 아직 의견이 분분합니다만 이 신호가 시장의 급락을 가지고 온 것은 확실합니다. 좀 더 구체적으로 살펴볼까요?

- 2019년 8월 장단기금리 역전 발생 : 7개월 후 2020년 3월 코로나19로 급락 발생
- 2006년 8월 장단기금리 역전 발생 : 17개월 후 2008년 리먼브라더스사태 발생
- 2000년 7월 장단기금리 역전 발생 : 7개월 후 2000년 닷컴 버블 붕괴 발생
- 1989년 6월 장단기금리 역전 발생 : 13개월 후 1990년 버블 붕괴 발생

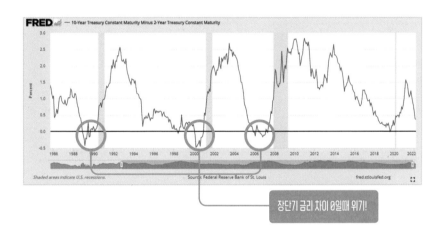

위의 차트에서처럼 10년물 장기금리와 2년물 단기금리의 차이가 0 이하로 떨어지는 순간이 위기의 신호였던 것이죠. 통상적으로 장단기금리가 역전하고 6~18개월 이내 급락장이 도래했습니다. 우리는 이런 신호를 모니터링해야 하고, 장단기금리의 역전이 발생을 확인했다면 무조건 다가올 하락에 대비해야 하는 것입니다.

장단기금리 차이 확인법

그럼 장단기금리 차이를 확인하는 방법은 무엇일까요? 구글 검색창에 'US 10y 2y'라고 검색하면 됩니다.

그리고 나온 검색 결과 중 위에 보이는 링크를 클릭하면 차트를 바로 볼 수 있습니다. 그림 하단의 바를 조절하면 모니터링할 기간을 설정할 수 있으니 참고하길 바랍니다.

폭락장 대비 수단들 - 인버스, 달러, 주식 등

　수익을 내는 것도 중요하지만, 이렇게 확실한 리스크를 하나씩 줄여나가다 보면 투자에서 이기는 확률이 높아진다고 생각합니다. 제가 뒤에서 말씀드리겠지만 인버스에 투자해 수익을 내는 방법*도 있고, 달러를 매수해 위기마다 급등한 환율을 이용해 수익을 거두는 방법도 가능합니다. 그렇게 하락에 베팅하고 실제 폭락이 나오면, 주식을 매수해 다가올 상승을 충분히 즐기는 게 최고의 투자자라고 생각합니다.

◆　인버스 투자 방법은 201쪽 참고

지수의 향방, 이렇게 예측하라
(ft. 투자심리도+RSI)

코스닥 투자심리로 매수매도 타이밍 확인하기

종목 선정을 하면서 투자심리도*와 RSI에 대해서 배웠습니다. 두 지표 모두 시장 상황이 과열인지 침체인지 알아보는 투자 지표였습니다. 투자심리도와 RSI는 사실 개별 종목에서보다 지수의 과열과 침체를 살펴볼 때 더 정확하다고 생각합니다. 그럼 코스닥 차트와 투자심리도를 함께 비교해보면서 좀 더 자세히 이야기를 해보겠습니다.

◆　투자심리도에 대한 내용은 89쪽 참고

❶ 투자심리 과열 시 단기급락 발생
(예외 경우도 있음)

∙∙∙

❷ 투자심리 침체 시
향후 주가 우상향 가능성 높음
주가가 크게 하락한 경우(120일선 터치)
장기간 꾸준한 상승도 가능

∙∙∙

❸ 투자심리 과열 시 : 매도 후 현금 보유

∙∙∙

❹ 투자심리 침체 시 : 적극 매수 고려

다음 자료에서 가장 하단에 투자심리도란 보조지표 보이시나요?

저는 종목보다는 코스피·코스닥시장의 투자심리를 볼 때 많이 사용합니다. 투자심리가 과열일 때 코스닥 차트는 여지없이 단기 관점으로 볼 때 고점이었고, 투자심리가 침체일 때는 지수도 저점이었습니다. 꼭 그런 것은 아닙니다만, 투자심리가 과열된 구간에서는 단기 하락이 나온 경우가 많습니다. 제 투자 경험상 단기급락이 나와서 투자심리를 냉각시킨 경우도 많이 있습니다. 반대로 투자심리가 침체된 경우 반등을 주는 경우가 많이 있습니다.

주가가 하락한 상태거나 하락 후 횡보된 상태일 때 투자심리가 침체 구간이라면 상승반전의 가능성이 높습니다. 여기서 주목할 만한 부분은 투자심리가 침체되어 있는데, 코스닥 주가가 큰 하락을 해서 이평선 120일선을 터치하니 큰 상승이 나오네요. 이런 것은 참고해서 챙겨서 보면 좋을 것 같습니다.

코스닥 RSI로 매수매도 타이밍 확인하기

이번엔 코스닥 차트와 RSI를 함께 비교해보겠습니다. 역시 RSI의 과열구간이 나오면 지수는 하락했고, 침체구간이 나오면 지수는 상승했습니다.

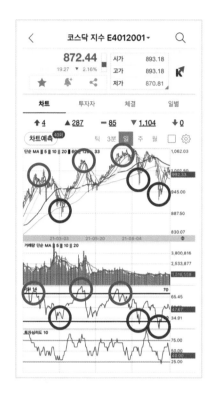

❶ RSI가 과열구간일 때

- 주가는 고점일 경우가 많음

- 단기급락 또는 하락전환

....

❷ RSI가 침체구간일 때

- 주가는 바닥일 경우가 많음

- 단기급등 또는 상승전환

....

❸ RSI 과열구간 : 매도 후 현금 보유

....

❹ RSI 침체구간 : 적극 매수 고려

투자심리도+RSI로 매수매도 타이밍 확인하기

그럼 2021년 코스닥 차트를 투자심리도와 RSI 둘다 함께 놓고 비교해보겠습니다. 동시 과열구간일 때 주가는 고점이었고 정확히 하락했으며, 동시 침체구간일 때는 바로 반등이 나오는 모습을 볼 수 있습니다.

이렇게 투자심리도와 RSI만으로도 지수의 등락을 예측할 수 있는 것이죠. 뉴스도 보고 기업 분석하는 것도 좋지만, 지수가 하락할 때 개별종목이 지수를 이기기는 정말 어렵다고 볼 수 있습니다. 그렇기 때문에 지수를 분석하고 전

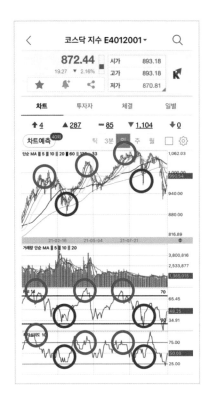

❶ 투자심리도와 RSI가 동시 과열구간일 때

- 주가는 고점일 경우가 많음

- 단기급락 또는 하락전환

....

❷ 투자심리도와 RSI가 동시에 침체구간일 때

- 주가는 바닥일 경우가 많음

- 단기급등 또는 상승전환

체적인 매수, 매도 시점을 잡는 게 우리가 이기는 확률을 높이는 투자인 것입니다.

예를 들어서 목표수익률 10%에 개별 종목이 도달하지 못했더라도 시장이 과열구간에 진입했다면 (투자심리도와 RSI가 동시 과열구간이라면) 조금 일찍 수익을 실현해 현금을 확보하고 다가올 하락장에 대비하는 것이죠. 그리고 주가가 언제까지 빠질지 모르는 하락장에서, 시장이 침체구간에 진입했다면 (투자심리도와 RSI가 동시 침체구간이라면) 우리가 보유한 마지막 현금을 사용해 물타기를 하거나 과감하게 신규 종목을 매수할 필요가 있는 것입니다.

시장을 이기는 투자를 하기 위해서는 종목 선정만큼, 시장을 분석하는 것도 중요하다는 것을 절대로 간과해서는 안 됩니다.

이동평균선의 의미 살펴보기

이동평균선이란 일정 기간 동안의 주가를 산술 평균한 값을 차례로 연결한 선을 의미하고 보통은 줄여서 '이평선'으로 부릅니다. 이동평균선을 통해서 주가의 방향성을 볼 수 있는데 주로 5일, 20일, 60일, 120일을 사용합니다.

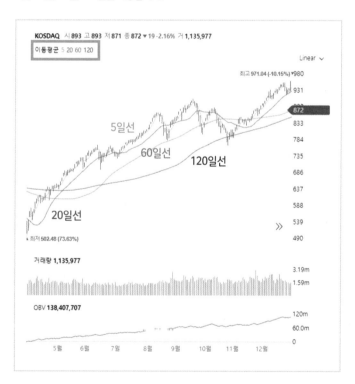

- **5일선** : 5일간의 주가의 평균치를 나타내는 선으로, 단기추세를 파악하기 좋음

- **20일선** : 20일간의 주가의 평균치를 나타내는 선으로, 5일선보다는 길지만 역시 단기추세를 파악할 때 사용

- **60일선** : 60일간의 주가의 평균치를 나타내는 선으로, 중기추세를 파악할 때 사용하며, 보통 주가가 60일선을 돌파하면 상승 국면에 진입했다고 볼 수 있음 60일선을 통해서 수급을 파악하기 좋다고 수급선이라고도 부름

- **120일선** : 120일간의 주가의 평균치를 나타내는 선으로, 중장기추세를 파악할 때 사용하며, 120일선을 기준으로 상승 시 지지라인으로 하락 시 저항라인으로 볼 수 있음

대세 상승추세를 가능하는 120일선

120일선은 대세 상승과정에서 중간중간 주가가 하락하는 시점에서 조정의 마지노선이 되어주는 경우가 많이 있습니다. 따라서 120일선을 이탈하지 않는 경우 주가의 대세 상승추세는 꺾이지 않았다고 이해할 수 있는 것입니다.

하지만 주가가 하락이 깊어지면서 120일선을 이탈하게 되면, 기술적인 측면에서 보면 대세 상승에서 대세 하락으로 전환했다고 볼 수 있는 것입니다. 이런 대세 하락 국면에서는 주가가 상승반전을 시도할 때 120일선이 저항선으로 작용해, 120일선을 터치하고 다시 하락하면서 돌파 시도를 하는 지점으로도 작용합니다.

대세 상승장과 하락장에서 120일선의 중요한 의미를 꼭 기억하여 매매하면 좋은 매매타점을 잡을 수 있을 거예요.

25

봉차트 패턴 13개로 주가의 흐름을 파악하라

봉차트(캔들차트)의 구조 - 양봉과 음봉

우리가 가장 많이 보는 캔들 차트(봉차트)의 구조에 대해서 알아보려고 합니다. 봉차트(캔들차트)란? 주식의 대표적인 차트로 일정 기간 동안의 주가 움직임이 표현된 막대 모양의 차트를 말합니다. 일반적으로 가장 많이 보는 차트라고 생각하면 됩니다. 참고로 봉차트와 캔들차트는 같은 말이라고 보면 됩니다.

양봉과 음봉 들어보셨죠? 빨간색으로 보이는 것은 양봉이고, 파란색으로 보이는 것은 음봉입니다. 양봉은 종가가 시가보다 높게 끝난 것을 말합니다. 장이 시작한 이후 매수세가 붙어서 종가가 상승한 경우 나타나는 형태입니다.

음봉은 양봉의 반대로 종가가 시가보다 낮게 끝난 것을 말합니다. 수급으로 볼 때도, 양봉과 반대로 매도세가 점차 강해져서 종가가 하락하는 형태라고 보면 됩니다.

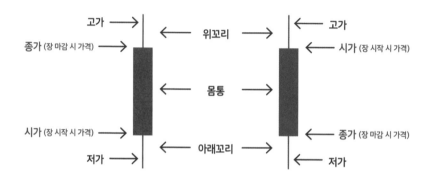

혹시나 헷갈리는 분들이 있을까봐 그림으로 다시 한 번 설명드릴게요. A라는 주식의 7월 29일 주가의 움직임을 예로 들어보겠습니다.

A라는 주식의 7월 29일 하루 최고가가 11,000원이었고,

A라는 주식의 7월 29일 하루 최저가가 8,000원이었고,

A라는 주식의 7월 29일 종가가 10,000원이었고,

A라는 주식의 7월 29일 시가가 9,000원이었다면 다음과 같은 봉차트가 나오게 되는 것이죠.

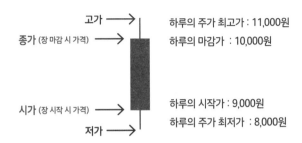

위의 그림에서 나타내는 것과 같이 봉차트는 몸통과 꼬리로 구성이 됩니다. 몸통은 시가와 종가의 범위를 말하는 것이고, 꼬리는 그날 주가의 고가와 저가의 범위를 말하는 것입니다. 이제 완벽히 이해가 되셨죠?

봉차트 패턴으로 살펴보는 주가의 향방

주가의 고가와 저가, 시가와 종가에 따라 어떻게 차트가 형성이 되는지 알아보았습니다. 이번에는 봉차트의 패턴을 알아볼 건데요, 패턴만 알아도 앞으로의 전망을 예측하는 데 도움이 되니 여러 번 보고 또 보고, 저장해두고 생각날 때마다 보세요. 그리고 차트 패턴의 이름이 이상할 수 있는데, 이게 일본에서 만들어져서 그렇다고 하니 그냥 수능 공부하듯이 외우면 될 것 같아요.

1 | 도지   대표적 추세반전 신호

도지(Doji)는, 시가와 종가가 같거나 비슷한 것을 말합니다. 그래서 몸통이 없거나 거의 없는 모습인 거죠. 그리고 위꼬리, 아래꼬리 모두 그리 길지 않은 형태입니다. 그래서 십자가 모형이라고 말하기도 해요.

도지는 아주 중요한 의미가 있습니다. 차트에서 볼 수 있는 것처럼, 시장에서 매수와 매도의 힘이 비슷할 때 저런 모습이 나타나게 됩니다. 차트의 방향성을 놓고 고민하고 있다는 것이죠. 그래서 하락추세가 진행되다가 바닥 부근에서 이 패턴이 나타나면 추세반전의 신호로 볼 수 있습니다. 하지만, 이후 주가가 상승하지 않는다면 기존의 하락추세가 더 강하게 나타날 수도 있어요. 상승추세에서도 마찬가지로 이 패턴이 나타난다면 하락반전의 신호로 볼 수 있습니다. 도지의 경우 대표적인 추세반전의 신호로 볼 수 있습니다.

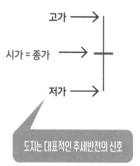

□ 종가와 시가가 같거나 비슷(십자가 모형)
□ 차트에서 볼 수 있는 것처럼, 시장에서 매수와 매도의 힘이 비슷(방향을 놓고 고민하는 모습)
□ 하락추세가 진행 중, 바닥 부근에서 이 패턴이 나타나면 추세반전의 신호. 이후 주가가 상승하지 않는다면 기존의 하락추세가 더 강해질 확률이 높음.
□ 상승추세에서도 마찬가지로 이 패턴이 나타난다면 하락반전의 신호

2 | 키다리형도지 - 도지보다 강한 추세반전 신호탄

키다리형도지(Long-Legged Doji)는, 도지와 마찬가지로 시가와 종가가 같거나 비슷한 것을 말합니다. 다른 점은 위꼬리, 아래꼬리가 길다는 것이죠. 키다

리형도지도 도지와 같이 시장에서 매수와 매도의 힘이 비슷할 때 저런 모습이 나타나게 됩니다.

하지만, 주가가 큰 폭으로 오르내림을 반복했다는 것은 시장이 방향성을 잃었다는 말로 해석할 수 있습니다. 키다리형도지는 시장이 기존 추세에서 이탈하려는 성향이 강해지는 형태로 추세전환의 신호로 볼 수 있습니다. 제 경험상 도지보다 더 강하게 추세반전을 이끌어낸 경우가 많았습니다.

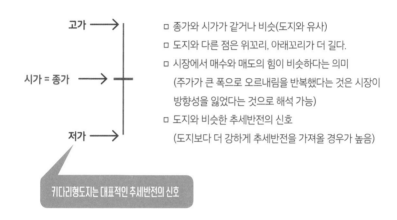

□ 종가와 시가가 같거나 비슷(도지와 유사)
□ 도지와 다른 점은 위꼬리, 아래꼬리가 더 길다.
□ 시장에서 매수와 매도의 힘이 비슷하다는 의미
(주가가 큰 폭으로 오르내림을 반복했다는 것은 시장이 방향성을 잃었다는 것으로 해석 가능)
□ 도지와 비슷한 추세반전의 신호
(도지보다 더 강하게 추세반전을 가져올 경우가 높음)

키다리형도지는 대표적인 추세반전의 신호

3 | 잠자리형도지 - 아래꼬리 길수록 추세반전 강도 Up

잠자리형도지는 앞의 패턴처럼 3가지 가격이 같거나 비슷합니다. 시가, 종가 그리고 고가가 같거나 비슷한 양봉 또는 음봉을 말합니다.

보통은 거래량이 저고 침체 국면에서 잘 나타납니다. 잠자리형도지도 다른 도지들과 비슷한 특성이 있는데요, 하락추세가 진행되다가 바닥 부근에서 이 패턴이 나타나면 추세반전의 신호로 볼 수 있습니다. 특히 아래꼬리가 길수록 반전의 힘은 강하다고 볼 수 있습니다. 하지만, 이후 주가가 상승하지 않는다면 기존의 하락추세가 더 강하게 나타날 수도 있는 것이죠. 상승추세에서도 마찬가지로 이 패턴이 나타난다면 하락반전의 신호로 볼 수 있습니다. 잠자리형도지의 경우 대표적인 추세반전의 신호로 볼 수 있습니다.

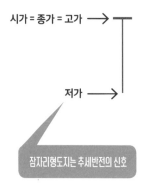

시가 = 종가 = 고가 →

저가 →

잠자리형도지는 추세반전의 신호

□ 시가, 종가 그리고 고가가 같거나 비슷
□ 보통 거래량이 적은 침체 국면에서 잘 나타남
□ 하락추세가 진행 중, 바닥 부근에서 이 패턴이 나타나면 추세반전의 신호, 이후 주가가 상승하지 않는다면 기존의 하락추세가 더 강해질 확률이 높음 (꼬리가 길수록 반전의 힘이 강함)

□ 상승추세에서도 마찬가지로 이 패턴이 나타난다면 하락 반전의 신호

4 | 비석형도지 - 추세반전 가능성 Up

비석형도지(Grave Stone Doji)는 다음 그림처럼 3가지 가격이 같거나 비슷합니다. 시가, 종가 그리고 저가가 같거나 비슷한 양봉 또는 음봉을 말합니다.

비석형도지는 장 초반에 상승하다가 종가에 저가로 밀리면서 시가로 마감하는 형태입니다. 비석형도지는 이전 추세가 상승이었다면 하락반전으로, 하락추세였다면 상승반전할 가능성이 높습니다.

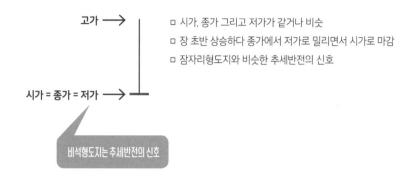

고가 →
- 시가, 종가 그리고 저가가 같거나 비슷
- 장 초반 상승하다 종가에서 저가로 밀리면서 시가로 마감
- 잠자리형도지와 비슷한 추세반전의 신호

시가 = 종가 = 저가 →

비석형도지는 추세반전의 신호

5 | 포프라이스도지 – 쩜상 또는 쩜하 신호

포프라이스도지(Four Price Doji)는 시가, 고가, 저가, 종가가 같거나 거의 비슷하게 마감하는 형태입니다. 주로 상한가 직진 또는 하한가 직진일 때 볼 수 있습니다. 우리가 보통 쩜상, 쩜하라고 부르는 봉차트 모습이죠. 주식하면서 쩜상 한 번쯤은 맞아봐야겠죠?

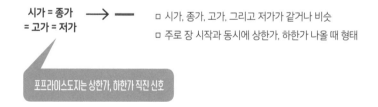

시가 = 종가 → ─
= 고가 = 저가
- 시가, 종가, 고가, 그리고 저가가 같거나 비슷
- 주로 장 시작과 동시에 상한가, 하한가 나올 때 형태

포프라이스도지는 상한가, 하한가 직진 신호

6 | 스피닝 탑스 – 횡보장에서 추세반전, 하락 시 바닥 지지

스피닝 탑스(Spinning Tops)는 몸통에 비해서 그림자의 길이가 상당히 긴 모양입니다. 주가가 하락할지 상승할지 갈피를 잡지 못할 때, 상승과 하락의 방향성이 애매할 때 나타나는 패턴입니다. 하지만, 이 패턴이 나타나면 하락에서 상승으로 상승에서 하락으로 추세가 바뀌는 경우가 많으며, 특히 하락 시에 바닥을 지지할 때 신호로 볼 수 있습니다.

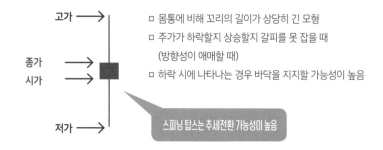

7 | 숏바디형 또는 샛별형 – 추세의 고점과 저점을 알려주는 신호

숏바디(Short body)형 또는 샛별(Star)형은 매수와 매도가 균형을 이룰 때 나타납니다. 전 거래일의 긴 몸통에 이어 자주 나타나는 유형으로 추세의 고점과 저점을 알려주는 신호입니다. 숏바디양봉의 경우, 바닥권에서 나타난다면 상승의 시작으로 판단할 수 있고, 긴 몸통으로 오르던 주식이 고가권에서 숏바디가 나왔다면 상승탄력의 둔화로 볼 수 있습니다.

숏바디음봉의 경우 고가권에서 나타난다면 하락의 신호로 볼 수 있고, 바닥권에서 나타난다면 하락폭의 둔화로 해석할 수 있습니다.

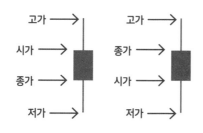

□ 매수와 매도가 균형을 이룰 때
□ 전 거래일의 긴 몸통에 이어 자주 나타남
  (추세의 고점과 저점을 알려주는 신호)

□ **숏바디 양봉**
- 바닥권에서 나타날 경우, 상승의 시작
- 고가권에서 나타날 경우, 상승탄력 둔화

□ **숏바디 음봉**
- 고가권에서 나타난 경우, 하락의 시작
- 바닥권에서 나타날 경우, 하락폭의 둔화

8 | 롱바디형 – 상승, 하락의 초입 신호

롱바디(Long Body)형은 긴 몸통과 짧은 아래꼬리, 위꼬리가 존재하는 형태로 몸통의 길이가 길수록 신뢰도가 높아집니다.

첫째로, 롱바디양봉의 경우 주가의 상승전환 및 상승에 대한 기대감을 나타내는 형태로, 바닥권에서 저가매수의 신호로 볼 수 있습니다. 거래량을 동반한 경우 긴 상승의 초입으로 볼 수도 있는 것이죠.

둘째로, 롱바디음봉의 경우 주가의 하락전환 및 하락에 대한 우려감을 나타내는 형태로, 차익 매물이 시장에 나올 때 이런 패턴을 볼 수 있습니다. 고가권에서 이 모형이 나온다면 하락을 대비해야 할 거예요.

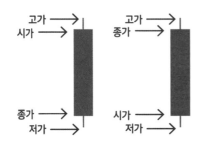

□ 긴 몸통과 짧은 아래꼬리, 위꼬리의 형태

□ 롱바디양봉
- 바닥권에서 나타날 경우, 상승전환 및 상승에
  대한 기대감(저가매수의 신호)
- 거래량 동반 시 신뢰도 증가

□ 롱바디음봉
- 고가권에서 나타날 경우, 하락전환 및 하락에
  대한 우려감(차익매물)
- 거래량 동반 시 신뢰도 증가

9 | 장대양봉, 장대음봉 - 추세반전과 지속성을 보여주는 신호

장대양봉(White Marubozu)은 시가와 저가가 같고 종가와 고가가 같은 형태로, 위꼬리와 아래꼬리가 없습니다. 시가부터 강한 매수세가 몰려서 종가까지 상승으로 마무리한 경우로, 주가가 상승탄력을 확실히 받았음을 의미합니다. 횡보나 저가에서 나오는 장대양봉은 상승반전의 가능성이 아주 크며, 상승추세 중에 나타나면 지속적인 상승을 보일 것을 나타내는 패턴입니다.

장대음봉(Black Marubozu)은 시가와 고가가 같고 종가와 저가가 같은 형태로, 위꼬리와 아래꼬리가 없습니다. 시가부터 강한 매도세가 몰려서 종가까지 하락해 마무리한 경우로, 주가가 하락추세로 전환함을 의미합니다. 횡보나 고가에서 나오는 장대음봉은 하락반전의 가능성이 아주 크며, 하락추세 중에 나타나면 지속적인 하락을 보일 것을 나타내는 패턴입니다.

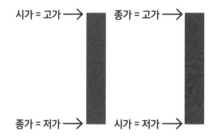

시가 = 고가 →   종가 = 고가 →

종가 = 저가 →   시가 = 저가 →

□ 꼬리 없이 긴 몸통의 형태

□ 장대양봉
- 시가부터 강한 매수세가 몰려서 종가까지 상승
　주가가 상승탄력을 확실히 받았음을 의미
- 횡보나 저가권에서 나타날 경우, 상승반전
- 상승추세에서 나타날 경우, 지속상승

□ 장대음봉
- 시가부터 강한 매도세가 몰려서 종가까지 하락
- 주가가 하락추세로 전환함을 의미
- 횡보나 고가권에서 나타날 경우, 하락반전
- 하락추세에서 나타날 경우, 지속하락

10 | 위꼬리장대양봉 - 차익실현, 하락반전 신호

위꼬리장대양봉(Opening White Marubozu)은 시가와 저가가 같으나, 종가는 고가보다 조금 하락한 형태입니다. 거래가 시작되면서 강한 매수세가 몰려서 장 중 내내 강세를 유지하다가, 장 중 고점을 찍고 장 막판에 매도세를 이기지 못하고 주가가 하락한 경우입니다.

위꼬리를 달았다는 것은 고가 주변에서 차익을 실현하겠다는 매물이 있었다는 것으로, 고가권에서 위꼬리 장대양봉이 나오게 되면 하락반전의 가능성을 나타냅니다. 저가 및 횡보구간에서 나타나면 위꼬리 구간만큼 실망 매물 구간으로 보고, 해당 구간의 매물을 돌파해야 더 큰 상승을 할 수 있다는 것으로 볼 수 있습니다.

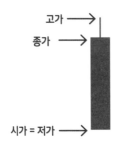

□ 시가와 저가는 같으나, 종가는 고가보다 조금 하락한 형태

□ 장 시작과 동시에 강한 매수세가 유입되고, 장 중 내내 장세를 유지하다, 장 중 고점을 찍고 장 막판에 매도세를 이기지 못하고 주가가 하락한 경우

□ 위꼬리를 달았다는 것은 고가 주변에서의 차익실현 매물이 있었다는 것으로, 하락반전 가능성이 높음

□ 저가 및 횡보구간에서 나타나면, 위꼬리 가격 구간만큼의 실망 매물 구간으로 인식 가능

□ 주가가 상승하기 위해서는 해당 구간 매물 돌파 필요

11 | 위꼬리장대음봉 - 매도 행진, 추가 하락 신호

위꼬리장대음봉(Closing Black Marubozu)은 종가와 저가가 같고, 고가는 시가보다 조금 위에 있는 형태입니다. 거래가 시작되면서 상승이 나오면서 반등의 기대감을 주다가, 매물이 나오면서 약세로 돌아서고 장 막판까지 지속적인 매도가 이어지는 경우입니다. 하락 중인 종목이나 상승에서 하락으로 전환될 때 자주 볼 수 있는 패턴으로, 향후 추가적인 하락 및 매도세가 이어질 가능성

이 높기 때문에, 반드시 다음 거래일에서 갭 하락이나 장대음봉이 나오는 것을 주의해야 합니다. 위꼬리가 길면 길수록 해당 구간에서 매도하기 위해 대기하는 물량이 많다는 것으로 보아야 하며, 이는 주가 상승을 위해 소화해야 하는 매물로 보아도 됩니다.

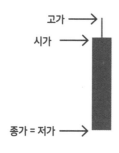

□ 종가와 저가는 같으나, 고가는 시가보다 조금 하락한 형태

□ 장 시작과 상승이 나오면서 반등의 기대감을 주다가, 매물이 나오면서 약세로 돌아서고, 장 막판에 지속적인 매도가 이어지는 경우

□ 추가 하락 및 하락반전의 신호

□ 위꼬리가 길면 길수록 해당 구간에 대기하는 물량이 많음

□ 주가가 상승하기 위해서는 해당 구간 매물 돌파 필요

12 | 아래꼬리장대양봉 - 갭상승 가능성 Up, 개미털기?

아래꼬리장대양봉(Closing White Marubozu)은 시가보다 저가가 조금 낮지만, 종가와 고가는 같은 형태입니다.

장 시작과 동시에 차익실현을 위한 매도물량이 나오면서 시가보다 낮은 가격을 형성하지만, 강한 매수세와 함께 장 막판까지 꾸준히 상승하는 경우입니다. 장 시작하고 밀리다가 강하게 상승하는 경우로 개미털기의 전형적인 모습입니다. 단기급등 시에 자주 출현하며, 다음 날 갭 상승의 가능성이 높습니다. 아래꼬리가 길면 길수록 매수세가 강함을 나타내며, 위꼬리는 없거나 있더라도 종가와 1% 이내여야 아래꼬리장대양봉의 의미가 있습니다. 하락에서 상승으로 전환될 때 자주 나오는 패턴이며, 상승 중인 종목의 경우 추세가 좀 더 지속되는 것으로 볼 수 있습니다. (저가구간에서 횡보하는 경우 이 형태가 나타나면 단기바닥으로 볼 수 있음)

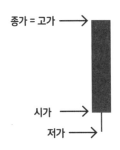

□ 시가보다 저가가 조금 낮지만, 종가와 고가는 같은 형태

□ 장 시작과 동시에 차익실현 매물이 나오면서, 시가보다 낮은 가격이 형성되지만, 장 중 강한 매수세가 유입되어 장 막판까지 꾸준히 상승하는 경우(개미털기의 전형적인 모습)

□ 아래꼬리가 길면 길수록 매수세가 강함을 의미

□ 하락에서 상승으로 전환될 때 많이 나오는 패턴 (하락구간에서 바닥으로 인식 가능)

□ 상승 중인 종목의 경우, 상승추세 지속

13 | 아래꼬리장대음봉 - 하락추세 전환, 저가매수 유입?

아래꼬리장대음봉(Opening White Marubozu)은 시가와 고가가 같고, 종가보다 저가가 조금 낮은 형태입니다. 장 시작과 동시에 매도세를 견디지 못하고 주가가 하락하다가, 과매도구간으로 인식하고 저가매수가 들어오면서 꼬리가 생긴 형태입니다. 고가권이나 횡보구간에서 나오면 상승에서 하락으로 전환되는 신호입니다. 저가구간에서 나타나게 되면 저가매수가 유입되는 시기로 볼 수 있고, 추세반등을 의미하는 것으로 볼 수 있습니다. 꼬리가 길면 길수록 신뢰도가 높아집니다.

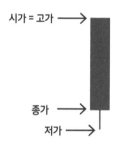

□ 시가와 고가가 같고, 종가보다 저가가 조금 낮은 형태

□ 장 시작과 동시에 매도세를 견디지 못하고 하락하다가, 과매도 구간으로 인식하고 저가매수가 들어오면서 꼬리가 생긴 형태

□ 아래꼬리가 길면 길수록 신뢰도가 높아짐

□ 고가권에서 나오면 상승에서 하락으로 전환되는 신호

□ 바닥구간에서 나오면 저가매수가 유입되는 시기로 볼 수 있음

디노의 생각 나누기❷ - 72의 법칙

공식

72를 연간 복리 수익률로 나눈다.

72법칙이란?

$$\frac{72}{\text{수익률}} = \text{원금이 두 배가 되기까지 걸리는 시간}$$

예시) $\dfrac{72}{6}$ = 12년

복리를 전제로 자산이 두 배로 느는 데 걸리는 시간을 계산하는 방식입니다. 원금을 두 배로 만드는 데 필요한 시간을 계산하는 공식은 다음과 같습니다. 연간수익률이 7.2%일 경우, 원금이 두 배가 되려면 10년이 걸리는 것이죠.

72법칙 공식(원금을 2배로 만드는 시간) = $\dfrac{72}{\text{연간 수익률}}$

연간수익률이 7.2%라면 10년 = $\dfrac{72}{7.2년}$

누구나 자신의 시드머니가 두 배가 되는 경우를 꿈꾸며 투자를 하지만 구체적으로 목표를 세우는 사람은 많지 않습니다. 원금의 두 배를 만들고 싶은 기간을 정하고, 연간 목표수익률을 설정해보세요. 그리고 그 목표를 적어보고 생각하고 노력해보세요. 반드시 이루어질 것입니다.

26

금리에 따라 오르는 주식을 주목하라

금리란 무엇인가?

이자율, 수익률, 금리 다 들어보셨죠? 다른 거 같지만 다 같은 말입니다. 사실 금리란 쉽게 말해 '돈의 사용료' 정도로 이해할 수 있습니다.

은행에서 A란 사람이 돈을 빌리면 그에 대한 사용료로 매달 체결된 이자율에 상응하는 금액을 지불하게 됩니다. 반대의 개념으로, A란 사람이 은행에 저축을 하면, (달리 말하면 은행에 돈을 빌려주면) 은행은 A란 사람에게 상품 가입 딩시 체결된 금리에 따라 이자를 지급합니다.

수익률은 투자를 할 때 기대되는 비율을 말하는 것인데, 투자란 행위에 돈을 사용할 때 받을 수 있는 사용료란 개념으로 이해하면 될 것입니다.

금리와 연동하는 자산, 환율, 물가

금리는 우리가 알고 있는 경제지표와 다음과 같은 상관관계를 가집니다.

  자산가격과의 상관관계 : 제로금리란 이야기 많이 들어보셨죠? 금리가 바닥일 때 자산가격은 꼭지입니다. 통계적으로 그렇습니다. 왜냐하면 금리가 낮으면 기업이든 개인이든 돈을 많이 빌리게 되고, 그로 인해 시장은 유동성이 공급됩니다. 이 유동성은 부동산, 주식과 같은 자산시장으로 흘러들어가 생기를 불어넣게 되고, 자산가격은 상승하게 되죠.

  반대로, 금리가 오르면 시중에 돈이 잘 돌지 않으므로 자산가격은 하락하게 됩니다. 이렇듯 자산가격의 바닥과 꼭지를 파악하기 위해 금리를 지표로 사용할 수 있습니다.

  환율과 금리의 상관관계도 염두에 둬야 합니다. 앞에서 자세히 설명했으니 여기서는 생략할게요. ◆

  물가와의 상관관계 : 물가는 '물건의 가격'을 의미합니다. 만약 물건의 가격이 계속 오른다면 사람들은 어떻게 할까요? 아마도 모두 물건을 미리 확보하려고 난리가 날 거예요. 내일 물가가 오른다는 게 확실하다면 그렇습니다. 사재기란 단어가 여기서 나오는 거죠. 사재기와 같은 초강세의 수요는 다시 물가를 올리고 이런 악순환은 계속 반복되면서 상황을 더 심각하게 만듭니다.

....

◆　환율과 금리의 상관관계 내용은 158쪽 참고

그럼 사재기를 막기 위해 어떻게 하면 될까요? 내일 오르는 물건의 가격보다 더 높은 금리를 지급하면 사람들은 사재기를 그만하지 않을까요? 좀 더 이해를 쉽게 하기 위해 예를 들어볼게요.

오늘 라면 하나가 1,000원입니다. 그런데 내일은 1,100원으로 오를 거예요. 그럼 사람들은 라면 가격이 1,000원일 때 사기 위해 은행에서 돈을 인출할 것입니다.

그런데, 은행이 금리를 물가가 상승하는 만큼 올려준다면 어떨까요? 금리를 올려서 은행에 1,000원을 예치하면 하루에 이자를 100원씩 준다면요?

오늘 은행에 있는 내 돈 1,000원이 내일 1,100원이 될 건데 굳이 오늘 사재기를 할 필요가 있을까요? 내일 돈 1,100원을 찾아서 1,100원을 주고 라면을 사면 되는 것이죠.

사재기는 더 이상 일어나지 않겠죠? 물가가 오르면 물가를 안정시키기 위해 금리를 올리려고 하는 이유, 이제 아시겠죠?

금리는 경기 사이클을 뒤따라간다?

최근에 미국의 금리인상에 대해서 연일 뉴스가 쏟아져 나오고 있습니다. 우리나라 주식투자를 하면서 이렇게 미국의 파월 연준 의장의 발언에 관심을 가져야 하는지 기끔은 피곤한 생각도 들어요. 금리인상이 주식시장에 악재인지 호재인지, 어떤 영향을 줄 수 있는지 최대한 쉽게 알아보려고 합니다.

경기는 사이클이 있습니다. 좋았다 나빴다 하는 거죠. 그걸 우린 경기 불황과 경기 호황이란 말로 표현을 합니다. 그렇다면 경기가 불황이 오면 어떤 변화가 따라올까요? 경기를 살리기 위해, 각 중앙은행들은 시장에 돈을 풀어야겠다는 생각을 하게 됩니다.

돈이 시장에 넘쳐나게 하려면 어떻게 해야 할까요? 금리를 낮추면 됩니다. 금리를 낮추면 시장에 유동성이 풀려서 없었던 투자가 살아나고 소비가 살아나게 됩니다. 하지만 풍부해진 유동성은 자산시장의 상승을 가지고 오지요. 우리나라의 경우 대표적으로 부동산 가격의 상승이 강하게 나오는 시기입니다. 다시 말해보면, 경기가 하락하면 금리도 따라서 하락한다는 공식(?)이 나오는 것이죠.

그럼 반대로 경기가 좋아지면 어떻게 될까요? 낮아진 금리 덕에 시장에 유동성이 넘쳐나고 자산 가격도 상승합니다. 저금리로 인해 소비가 살아나고 그로 인해 기업의 실적도 좋아집니다. 경기가 불황에서 호황으로 돌아서는 것이죠. 하지만 이로 인해 물가가 상승하게 되는 현상이 따라옵니다. 우린 이것을 인플레이션이라고 부릅니다.

물가 상승은 국민들의 소비 심리를 위축시키기 때문에 정부는 물가 안정을 항상 부르짖는 것이죠. 겨우 소비 시장에 온기가 생겼는데 이걸 또 차갑게 만들 수는 없겠죠? 그래서 각국 중앙은행들은 풀려 있던 시장의 유동성을 회수하기 위하여 금리를 올립니다.

정리해보면, 경기가 상승하면 금리도 따라서 상승한다는 공식(?)이 나옵니다. 경기변동과 금리는 시차를 조금 두고 같은 방향으로 움직이기 때문입니다. 금리가 경기에 후행해 따라간다고 말하는 게 좀 더 정확하겠네요.

금리인상은 주식시장에 호재일까, 악재일까?

앞에 제 설명에서 보면, 경기가 좋아져야 금리가 오르게 됩니다. 금리가 오르는 것은, 기업의 실적도 좋고 소비도 살아났다는 것의 증표라고 말할 수 있는 것이지요. 기업의 실적이 좋아지고 경기가 살아났으니 당연히 주가는 상승을 해야 하는 것이고요. 그런데 왜 많은 미디어에서 금리상승으로 주가에 악영향을 줄 것 같다고 이야기하는 걸까요?

과거의 경제와 비교할 때 지금은 조금은 다른 상황입니다. 2008년 미국 월가에서 촉발된 서브프라임 모기지 부실로 세계경제가 대공황과 비슷한 위기가 찾아왔습니다. 이때, 미국 등 각국들은 금리를 제로에 가깝게 내리고 시장에 어마어마한 돈을 뿌렸습니다. 당시 미국 연방준비은행제도 벤 버냉키 의장이 헬리콥터로 돈을 뿌렸다고 해 '헬리콥터 벤'이란 별명이 생겼습니다.

시장에 유동성이 엄청나게 공급되었고, 이 유동성의 힘으로 폭락했던 주가는 회복되었습니다. 코로나19가 터진 작년에도 마찬가지입니다. 코로나 팬데믹으로 급격한 경기침체 현상이 발생했고 세계 각국은 금리를 다시 제로까지 낮추어, 2008년보다 더 많은 유동성을 공급해 주가를 부양했습니다. 경제위기를 극복하기 위해 금리를 낮추고 유동성 공급을 극대화했던 것이죠. 지금은 이전에 없던 새로운 방법으로 경제가 운영되고 있고, 요즘을 '뉴노멀시대'라고 부르는 이유이기도 합니다.

부채가 많은 기업은 금리인상 악재!

그럼 여기서 우리 같은 왕초보는 어떻게 이 상황을 이해해야 할까요? 시장을 이분법적 사고로 바라보면 안 됩니다. 이전처럼 금리가 오르면 주가에 무조건 좋다 무조건 안 좋다 이런 생각을 내려놓아야 하는 것입니다. 금리인상이 호재인 산업과 악재인 산업을 나눠서 생각해봐야 합니다.

기본적으로 금리가 오르면 어떤 영향이 있을까요?

금리가 오르면, 기업과 가계의 부채에 대한 금융비용(이자 등)이 늘어나 지출이 증가합니다. 늘어난 금융비용으로 인해 기업의 투자가 위축되고, 수익도 감소해 실적에 부정적인 영향을 주고, 이는 주가에 반영되어 하락하는 것이죠.

예를 들면, 2차전지를 생산하는 기업들은 이제 커지는 시장을 따라가기 위해 공장 증설을 엄청나게 하고 있습니다. 대부분의 관련 기업들이 몇백억 이상 부채를 늘려 공장 증설에 투자를 했습니다. 금리가 올라가면 이런 회사들은 부담해야 하는 이자비용이 증가되고, 기업들의 이익을 감소시켜 실적에 악영향을 주게 됩니다.

이렇듯, 투자를 하면서 기업이 성장하고 있는 성장주라고 불리는 기업들에게 주는 영향이 크다고 볼 수 있습니다. 금리가 오르면 금융비용의 부담이 문제니까요.

부채가 적은 기업은 금리인상 호재!

만약 기업의 부채가 거의 없고 유보금이 너무 많아 금융비 걱정이 필요없다면 어떻게 될까요? 오히려 금리가 상승하면, 이자 소득이 발생한다면 어떻게 될까요? 경기민감주라고 불리는 기존의 대기업들은 금리상승이 악재가 아닌 호재로 작용한다고 볼 수 있는 것이죠.

그럼 금리상승기에 수혜를 볼 수 있는 업종은 어떤 게 있을까요? 제가 앞서 말씀드렸던 가치주 또는 경기민감주가 수혜를 받게 되겠죠? 그럼 어떤 업종들이 여기에 속해 있는지 살펴보겠습니다. 경기민감주는 경기에 가장 먼저 반응하는 업종들을 말하는데요, 대표적으로 해운/조선/철강/화학/정유/건설/자동차/반도체 등이 있습니다. 성장주는 이익과 매출이 지속적으로 성장하는 업종으로, 대표적으로 전기차/수소차/풍력/자율주행/인공지능 등이 여기에 속합니다.

앞서 길게 설명드렸지만, 금리의 상승이 증시에 호재가 될 수도 있고 악재가 될 수도 있습니다. 특히 산업의 특성에 따라 다르게 반영됩니다. 하지만, 지금은 실적 장세보다 유동성 장세라고 불리는 시기이기 때문에 '금리상승은 악재로 작용할 것이다'라고 보는 전문가 또는 미디어 들이 많은 것 같습니다. 시장이 또 어떻게 변하고, 어떤 새로운 정책이 나올지 모르기 때문에 우리는 시장에 꾸준히 관심을 가지고, 끊임없이 공부하고 모니터링해야 하는 것입니다. 어려운 길이지만 포기하지 않고 끝까지 완주해 반드시 정상에서 만나는 우리 모두가 되었으면 좋겠습니다.

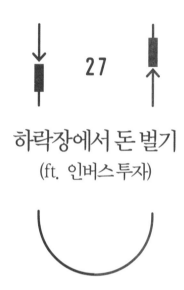

하락장에서 돈 벌기
(ft. 인버스 투자)

혹시 주가가 하락할 때도 수익을 낼 수 있다는 거 아시나요? 이번에는 주식 하락장, 특히 폭락장에서 엄청난 수익을 내는 방법을 알아보겠습니다. 그러기 위해서는 먼저 ETF 인버스를 이해해야 하는데요 ETF 인버스가 무엇이고, 언제, 어떻게, 무엇에 투자해야 하는지 함께 알아볼게요.

ETF 인버스란?

해당 지수의 가격이 올라야 수익을 거두는 상장지수펀드(ETF)와는 정반대로 해당 지수의 가격이 내려야 이익을 거둘 수 있는 상품이에요. 주식시장의 하락에 대비하기 위한 헷지수단으로 많이 사용되고 소액으로도 투자가 가능합니다.

ETF 어떻게 시작하나?

키움증권 기준으로 말씀드릴게요. 먼저 아래 사진에서 보이는 '투자자정보
확인서'를 작성해야 하는데요, 전체를 다 꼼꼼히 읽고 투자성향등록을 해주세
요. 그리고 투자성향등록을 누르면 됩니다.

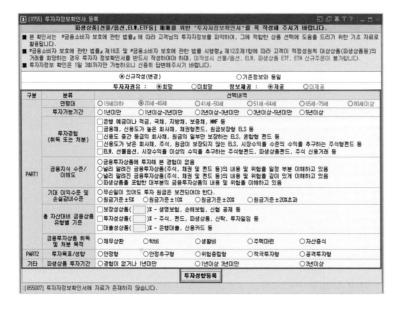

응답 내역을 다음 사진과 같이 다시 보여주면, 응답 내역을 확인한 후 이상
이 없으시면 투자자 정보확인서 등록 버튼을 누르면 됩니다.

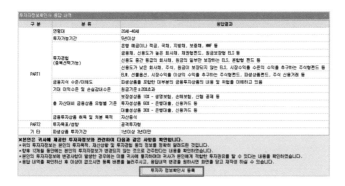

응답했던 내역에 따라 투자자정보확인서 하단에 나의 최종 투자 성향을 보여줍니다. 아래 사진과 같이 파생상품을 위한 적정등급 여부 확인이 가능하며, 향후 고객등급 변동 시, 파생상품 매매가 제한될 수도 있으니 유의하시기 바랍니다.

만약, 최종 투자 성향이 파생상품 매매에 적합하지 않다면, 아래 사진과 같이 확인서를 작성하면 파생상품 ETF/ETN 거래가 가능하니 투자자정보확인서 동의에 체크하고 동의 버튼을 누르면 됩니다.

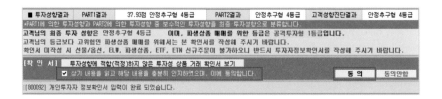

다음으로, ETF와 같은 펀드형 주식 상품을 거래하기 위해서는 한국금융투자협회 금융투자교육원 홈페이지에서 레버리지 ETF/ETN 투자자 온라인 교육(1시간 분량)을 듣고 이수 완료한 다음 증권사에 이수증 번호를 입력해서 ETF/ETN 거래 신청을 해야 합니다.

금융투자협회 홈페이지(www.kifin.or.kr)를 통해서 회원가입 후 비용(3,000원 정도)을 지불하면 레버리지 ETF/ETN 투자자 사전교육을 들을 수 있습니다. 교육시간은 대략 1시간 정도이며, 진도율 100%가 되면 1시간 내 자동 수료 처리되고, 수료 처리 후 이수번호 부여 및 수료증 인쇄가 가능합니다.

출처 : 금융투자교육원 홈페이지

이수번호를 부여받았으면, 레버리지 ETF/ETN 교육이수 등록을 하면 됩니다. 키움증권 홈페이지에서 국내투자 → ETF/ETN → 레버리지 ETF/ETN 교육이수 등록으로 들어가서 교육 이수번호와 휴대폰 번호를 입력하면 됩니다.

이제 다 왔습니다. 마지막으로 파생상품 ETF 거래신청 화면에서 계좌번호와 비밀번호를 입력하고 조회를 눌렀을 때 거래가능 여부 칸에 가능이 뜨면

되는데, 만약에 불가능이라고 뜨면 아래의 체크박스 5개와 투자위험 및 유의사항 숙지 여부를 체크하면 됩니다. 그런 다음 파생상품 ETF 거래 신청 '확인'을 누르고, 다시 조회를 눌러서 거래가능 여부 칸에 가능으로 표시되면 주식과 똑같이 거래할 수 있습니다.

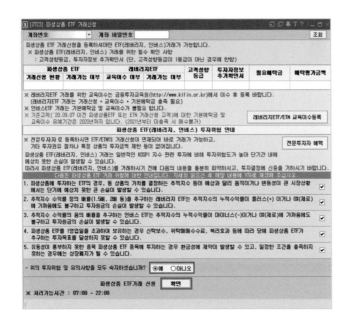

각 투자자별로 따로 매겨지는 등급 구분에 따라 요구되는 기본예탁금 금액을 증권사 계좌에 입금해 두어야만 실제로 거래가 가능한데요, 최초로 파생상품이나 레버리지 ETF/ETN 거래를 하는 계좌가 대상이니(그리고 1, 3단계에 해당되지 않는다면) 대부분의 투자자들은 2단계(1,000만원을 기본 예탁금으로 입금을 해야만) ETF 거래가 가능하니 유의하시기 바랍니다.

레버리지 ETF/ETN 기본예탁금 단계 기준

등급구분	기본예탁금	조건	비고
1단계	면제	다음의 항목 모두를 충족 - 전월 레버리지 ETF·ETN 매수합산금액 1천만원 이상 - 전월 예탁자산 평잔 500만원 이상	[유지기준] 직전 3개월 반대매매 3회 이하 - 적용기준 미달 1단계(면제/500만원) 고객이 유지조건 충족 시 현재 등급유지가능 - 단, 신용도판단정보/공공정보 오층 고객은 다음 단계조정 시에 3단계로 변경 최초 거래신청 90일 이후 변경 가능 조건과 무관하게 3단계로 변경
	500만원	다음의 항목 모두를 충족 - 전월 레버리지 ETF·ETN 매수합산금액 1천만원 이상 - 전월 예탁자산 평잔 500만원 이상	
2단계	1,000만원	다음의 항목 모두를 충족 - 최초 파생상품 ETF 또는 ETN 거래신청 계좌(90일 이후 변경 가능) - 1단계 or 3단계 미해당 고객	
3단계	3,000만원	신용도판단정보/공공정보 보유 고객	

- 유지조건과 무관하게 적용기준에 부합하는 계좌는 해당 기본예탁 단계 적용
- 예탁자산 평잔 산정기준(결제기준이며 외화 및 해외주식 미포함) ⓐ

레버리지 ETF/ETN 기본예탁금 유지 기준

- 직전 3개월 반대매매 3회 이하
- 적용기준 미달 1단계(면제/500만원) 고객이 유지조건 충족 시 현재 등급 유지 가능
- 단, 신용도판단정보/공공정보 보유 고객은 다음 단계조정 시에 3단계로 변경
- 최초 거래신청 90일 이후 변경 가능 조건과 무관하게 3단계로 변경

네이버에서 인버스 ETF 찾아보기

네이버에 들어가서 인버스라고 검색을 해보겠습니다. 엄청 많이 나오죠? 저 같은 경우는 매매가 잘되어야 좋다고 생각하기 때문에 이 중에 거래대금, 거래량을 고려해 이 종목들을 거래했어요.

종목명	현재가	전일대비	등락율	매도호가	매수호가	거래량	거래대금(백만)
KODEX 인버스 코스피	4,420	▲ 10	+0.23%	4,420	4,415	27,272,997	120,490
TIGER 인버스 코스피	4,905	▲ 10	+0.20%	4,910	4,905	101,152	496
KOSEF 미국달러선물인버스 코스피	9,625	▼ 75	-0.77%	9,625	9,620	6,618	63
KINDEX 인버스 코스피	5,425	- 0	0.00%	5,430	5,425	11,956	64
KODEX 국채선물10년인버스 코스피	49,580	▲ 135	+0.27%	49,580	49,545	390	19
KINDEX 일본TOPIX인버스(합성 H) 코스피	4,495	▼ 15	-0.33%	4,495	4,480	3,254	14
TIGER 원유선물인버스(H) 코스피	3,380	- 0	0.00%	3,385	3,380	1,082,678	3,652
TIGER 차이나CSI300인버스(합성) 코스피	8,000	▲ 180	+2.30%	8,000	7,965	12,740	101
TIGER 미국S&P500선물인버스(H) 코스피	4,845	-		1,885	3,880	39,526	153
KOSEF 미국달러선물인버스 코스피	7,065	▼ 110	-1.53%	7,065	7,060	14,682	104
TIGER 코스피150선물인버스 코스피	4,875	▲ 140	+2.96%	4,880	4,875	610,170	2,935
KODEX 코스닥150선물인버스 코스피	4,755	▲ 125	+2.70%	4,760	4,755	31,168,030	146,826
KBSTAR 200선물인버스 코스피	5,710	- 0	0.00%	5,710	5,705	5,387	30
KBSTAR 200선물인버스2X 코스피	2,605	▲ 25	+0.97%	2,610	2,605	239,718	622
KODEX 200선물인버스2X 코스피	2,605	▲ 10	+0.39%	2,610	2,605	136,940,456	356,883
TIGER 200선물인버스2X 코스피	2,720	▲ 10	+0.37%	2,720	2,715	4,818,427	13,084
ARIRANG 200선물인버스2X 코스피	5,240	▲ 35	+0.67%	5,240	5,235	57,586	301

국내종목 (142) ∨

1. KODEX인버스

2. KODEX코스닥150선물인버스

3. KODEX200선물인버스2X

4. TIGER인버스

5. TIGER코스닥150선물인버스

6. TIGER200선물인버스2X

ETF 인버스의 쓸모 1 - 단기매매용

최근 금리인상과 인플레이션으로 엄청나게 주가가 하락했습니다. 특히 FOMC 의사록 발표 등의 주요 이슈에 주가가 많이 반응했던 것을 볼 수 있는데요, 이처럼 특정 이슈 또는 이벤트로 인해 단기에 주가가 하락할 것 같을 때 이럴 때 매매해 수익을 얻을 수 있습니다. 인버스 매매는 일반 종목 거래 시 붙는 증권거래세(0.3%)가 붙지 않아 단타로 이용하기에도 좋으니 참고해주세요.

ETF 인버스의 쓸모 2 - 리스크 헷지용

하락장에서 상당히 유용한 상품입니다. 모든 종목이 파란불일 때도, 유일하게 반짝이는 빨간불을 켜주며 심리적인 안정감을 가져다주니 멘탈 잡기에도 좋은 상품이라고 판단됩니다. 장기투자를 위해 특정 종목을 투자하는 경우, 헷징을 위해 매수해 리스크 헷징도 할 수 있습니다.

ETF의 장점 4가지

ETF(Exchange Traded Fund)는 말 그대로 인덱스펀드를 거래소에 상장시켜 투자자들이 주식처럼 편리하게 거래할 수 있도록 만든 상품이거든요. 투자자들이 개별 주식을 고르는 데 수고를 하지 않아도 되는 펀드투자의 장점과, 언제든지 시장에서 원하는 가격에 매매할 수 있는 주식투자의 장점을 모두 가지고 있는 상품으로 인덱스펀드와 주식을 합쳐놓은 것이라고 생각하면 쉽게 이해가 되시죠? 다음은 ETF의 장점 4가지입니다.

ETF 장점 4가지

❶ 주가가 올라갈 때나 내려갈 때나 상관없이, 양방향으로 투자해 수익을 낼 수 있습니다.

❷ 지수의 상승, 하락에 투자하려면 일반적으로 펀드 상품을 통해서 투자를 하는데, 펀드는 보통 운용수수료가 1~2% 수준이라면, ETF는 0.05~0.4%로 운용수수료가 아주 낮습니다.

❸ 펀드와 달리 주식처럼 본인이 원하는 수익을 냈다고 판단이 되면 언제든지 매도와 매수가 가능합니다.

❹ 국내주식 지수에 투자할 수 있을 뿐만 아니라 원자재, 해외주식, 채권 등에도 투자할 수 있습니다.

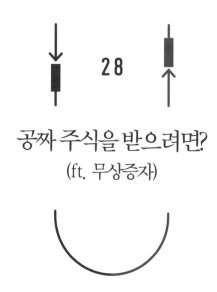

공짜 주식을 받으려면?
(ft. 무상증자)

주가에 호재인 무상증자란 무엇인가?

회사가 신주를 발행하는 방법은 크게 두 가지가 있습니다. 돈을 받고 주식을 발행하는 유상증자와 주주를 대상으로 주식 대금을 받지 않고 신주를 발행하는 무상증자가 있습니다.

이번에 설명할 무상증자는 주주들에게 공짜로 주식을 나눠주는 것이죠. 공짜로 주식을 준다니 뭔가 솔깃하죠? 좀 더 설명을 해보겠습니다.

무상증자를 하면 신주를 몇 주나 받을 수 있나?

좀 더 쉬운 이해를 위해 위더스제약 공시를 보면서 설명하겠습니다.

무상증자 결정

1. 신주의 종류와 수	보통주식 (주)	4,396,207
	기타주식 (주)	-
2. 1주당 액면가액 (원)		200
3. 증자전 발생주식총수	보통주식 (주)	8,792,415
	기타주식 (주)	-
4. 신주배정기준일		2021년 6월 14일
5. 1주당 신주배정 주식수	보통주식 (주)	0.5
	기타주식 (주)	-
6. 신주의 배당기산일		2021년 1월 1일
7. 신주권교부예정일	-	
8. 신주의 상장 예정일		2021년 6월 24일
9. 이사회결의일 (결정일)		2021년 5월 27일
-사외이사 참석 여부	참석 (명)	1
	불참 (명)	0
-감사(감사위원) 참석 여부		참석

'공시내용을 알고 싶지도 않고 주가만 올랐으면 좋겠습니다' 하시는 주식 초보자분들 많으실 텐데요 저도 처음엔 그랬습니다. 사실 생각보다 어렵지 않아요. 끝까지 읽기만 하면 됩니다.

공시에 따르면, 위더스 제약의 경우 1주당 신주배정 주식수는 0.5주입니다. 50% 증자네요. 아래 표를 보세요.

4. 신주배정기준일		2021년 6월 14일
5. 1주당 신주배정 주식수	보통주식 (주)	0.5
	기타주식 (주)	-

만약에 100주를 보유하고 있다면 50주를 받게 되는 것이죠. 공짜로 주주들에게 주식을 준다는데, 모든 주주에게 다 주는 걸까요?

언제 주식을 보유해야 무상증자를 받을 수 있나?

다시 한번 공시내용을 볼게요.

4. 신주배정기준일		2021년 6월 14일
5. 1주당 신주배정 주식수	보통주식 (주)	0.5
	기타주식 (주)	-

신주배정기준일이 6월 14일이라고 되어 있네요. 주식은 매매가 되면 거래일 기준으로 3거래일 뒤에 매매 대금이 결재가 됩니다. 그러므로, 주식을 6월 10일 목요일까지는 매수해야 6월 14일 신주배정기준일에 제 이름이 주주명부에 올라가게 되는 거죠. 지금 주식을 보유하고 있다면, 6월 10일까지는 팔면

안 된다는 것입니다.

무상증자를 배정받을 수 있는 날이 6월 10일이었죠? 그다음 날인 6월 11일을 권리락일이라고 부르는데요, 그날엔 무상증자 비율에 맞게 주가가 하향 조정되어 기준주가로 거래를 시작하게 됩니다. 그러니까 권리락일 오전에 '주가가 왜 이렇게 빠져 있지?' 이러면서 놀라지 마세요.

신주상장예정일은?

마지막으로 공시내용을 볼게요.

7. 신주권교부예정일	-	
8. 신주의 상장 예정일		2021년 6월 24일

신주의 상장 예정일은 6월 24일 이라고 합니다. 그날 오전에 공짜로 주식이 계좌에 입고되니 상장 예정일 오전에 확인해보면 됩니다.

무상증자를 하고 나면 주가는 어떻게 움직이나?

일단 무상증자를 하려면 해당 기업에 잉여금이 충분히 있어야 할 수 있습니다. 재부가 좋은 회사만 기능하다는 것이죠. 재무구조가 나쁜 회사는 무상증자를 하기 어렵습니다.

무상증자를 하는 이유는 뭘까요? 보통 무상증자를 하는 이유는 '주주가치제고' 또는 '주주이익환원'이라고 공시를 내는 기업들은 많이 설명합니다.

그냥 들어도 나쁜 말은 아닌 거 같죠?

보통은 무상증자는 대개 주가에 호재로 작용합니다. 모든 것에는 예외가 있듯이 늘 그런 것은 아니지만, 경험상 무상증자 공시가 뜨면 주가가 오르는 경우가 많이 있습니다.

몇 가지 기업을 예로 한번 살펴볼까요? 최근에 무상증자를 했던 유유제약입니다.

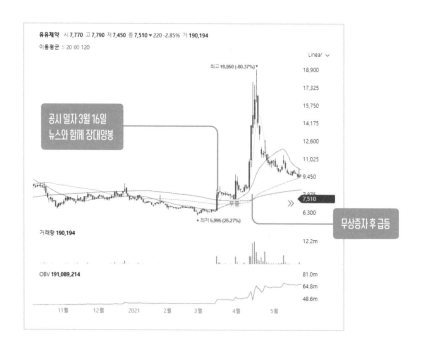

무상증자 공시가 나고 장대 양봉으로 강하게 상승 후 횡보하다 실제 무상증자로 주식이 추가 상장한 날 이후로 급등이 나왔고, 현재는 주가가 다시 빠졌

네요.

하나만 더 볼게요. 티에스아이입니다.

유유제약과 비슷한 모습이네요.

무상증자 공시가 나고 장대 양봉으로 강하게 상승 후 횡보하다 실제 무상증자로 주식이 추가 상장한 날 이후로 급등이 나왔고, 현재는 주가가 다시 빠졌네요.

낭시 세가 매수하고 보유하고 있던 위더스제약도 주가가 시세를 한 번 분출하고 다시 빠졌습니다.

무상증자 수익률을 계산해보자

제가 실제로 무상증자를 통해 수익을 냈던 위더스제약을 통해 수익률을 계산해보겠습니다.

주된 무상증자의 내용을 다시 정리해볼게요.

- 위더스제약은 1주당 0.5주의 비율로 무상증자를 실시하였습니다.
- 무상증자 공시일은 2021년 5월 27일이었으며,
- 위더스제약의 권리락일은 2021년 6월 11일입니다.

- 권리락일엔 무상증자 비율에 맞게 주가가 하향 조정되어 기준주가로 거래를 시작하게 됩니다.
- 신주상장일은 2021년 6월 24일입니다. (위더스제약의 신주배정일은 수정 공시를 통해 당초 2021년 6월 24일이었으나 2021년 7월 1일로 조정되었습니다)

앞서 제가 설명드린 것처럼 권리락일에는 무상증자 비율에 맞게 주가가 하향 조정되어 기준 주가로 거래를 시작하게 됩니다. 그러니 갑자기 주가가 빠져 있다고 놀라지 마세요. 그런데 많은 분들이 공시 내용을 잘 모르고 무상증자를 받아본 경험이 많지 않아 대부분 놀라시더라고요.

아래 종가를 정리한 사진을 보면서 다시 설명드릴게요.

외국인 · 기관 순매매 거래량

날짜	종가	전일비	등락률	거래량	기관 순매매량	기관 순매매량	외국인 보유주수	외국인 보유율
2021.06.16	13,350	0	0.00%	22,000	0	-3,363	60,388	0.69%
2021.06.15	13,350	▼ 100	-0.74%	35,835	-350	-4,925	63,751	0.73%
2021.06.14	13,450	▼ 400	-2.89%	46,466	-310	-16,235	68,676	0.78%
2021.06.11	13,850	▲ 150	+1.09%	127,776	-501	-14,154	84,911	0.97%
2021.06.10	20,550	▲ 600	+3.01%	130,753	+501	+20,434	99,065	1.13%
2021.06.09	19,950	▼ 300	-1.48%	67,672	0	+1,013	78,631	0.89%
2021.06.08	20,250	▼ 50	-0.25%	57,048	0	+10,385	77,618	0.88%
2021.06.07	20,300	▼ 600	-2.87%	88,343	0	+4,264	67,233	0.76%
2021.06.04	20,900	▼ 200	-0.95%	123,615	0	+6,610	62,969	0.72%
2021.06.03	21,100	▲ 1,150	+5.76%	423,363	0	-13,006	56,359	0.64%
2021.06.02	19,950	▼ 550	-2.68%	83,522	0	-2,130	69,365	0.79%
2021.06.01	20,500	▲ 250	+1.23%	79,789	0	+18,938	71,495	0.81%
2021.05.31	20,250	▲ 250	+1.25%	79,428	0	+3,715	52,557	0.60%
2021.05.28	20,000	▲ 450	+2.30%	74,881	+350	+13,387	48,842	0.56%
2021.05.27	19,550	▲ 150	+0.77%	247,962	+310	-623	35,455	0.40%
2021.05.26	19,400	▲ 700	+3.74%	67,109	0	+7,566	36,078	0.41%
2021.05.25	18,700	▲ 450	+2.47%	14,056	0	+1,137	28,512	0.32%
2021.05.24	18,250	▼ 550	-2.93%	37,031	0	-372	27,375	0.31%
2021.05.21	18,800	▼ 500	-2.59%	38,265	0	-1,109	27,747	0.32%
2021.05.20	19,300	▲ 200	+1.05%	32,023	0	-574	28,856	0.33%

2021년 6월 10일 종가는 20,550원입니다. 그런데 다음 날인 2021년 6월 11일(권리락일)엔 주가가 13,850원입니다. 주가가 갑자기 빠진 이유를 다시 한번 쉽게 말씀드리면, 주가가 하락해서가 아니라 주식을 무상으로 주주들에게 추가로 나눠주기 위해 가격을 조정한 것이라고 이해하시면 될 것 같습니다.

그럼 이제 수익률을 계산해보겠습니다. 지금 이게 손해인지 이익인지가 가장 궁금하실 거예요. 예를 들어서 쉽게 정리해보겠습니다.

일단 저의 매수 조건은 아래와 같다고 가정해보겠습니다.

1. 본인 매수 조건	
매수단가 (a)	20,000
주식수	100
매수금액 (b)	2,000,000

그렇다면 6월 10일, 권리락일 하루 전일인 종가 기준 수익률은 아래와 같습니다.

2. 6월 10일 종가 기준 수익률	
종가	20,550
보유주식 수	100
잔고 (c)	2,055,000
수익률	2.75%
수익금 (b-c)	55,000

그리고 6월 11일, 권리락일에 주가가 비율대로 조정되어 장이 시작했죠?
그날 종가 기준 수익률은 다음과 같습니다.

3. 6월 11일 권리락일 기준 수익률	
종가	13,850
보유주식 수	100
잔고 (d)	1,385,000
수익률	-30.75%
수익금 (d-b)	- 615,000

이런 수익률을 보니 절망적일 수도 있겠지만 이제 반전이 나오게 됩니다.

드디어 7월 1일, 무상증자로 인한 신주가 상장되는 날 기준 우리의 수익률
은 아래와 같습니다.

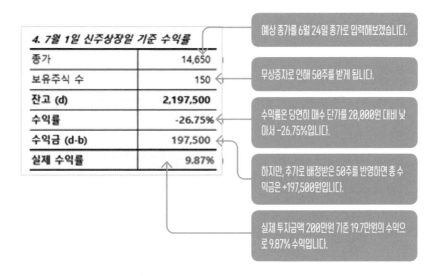

4. 7월 1일 신주상장일 기준 수익률	
종가	14,650
보유주식 수	150
잔고 (d)	2,197,500
수익률	-26.75%
수익금 (d-b)	197,500
실제 수익률	9.87%

예상 종가를 6월 24일 종가로 입력해보겠습니다.

무상증자로 인해 50주를 받게 됩니다.

수익률은 당연히 매수 단가를 20,000원 대비 낮아서 -26.75%입니다.

하지만, 추가로 배정받은 50주를 반영하면 총 수익금은 +197,500원입니다.

실제 투자금액 200만원 기준 19.7만원의 수익으로 9.87% 수익입니다.

수익률로 보면 매수 단가인 20,000원보다 현재 단가가 낮기 때문에, 당연히
마이너스인 손실로 보이게 됩니다. 하지만 신주를 무증으로 인해 배정받아 50
주를 신규로 배정받기 때문에 종가와 보유주식을 계산해서 계좌 잔고를 계산

해보면 매수금액인 200만원을 넘는 금액인 219만원이 내 잔고로 있는 걸 보게 됩니다. 실제로 9.87% 수익을 보게 되는 구조인 것이죠.

이것이 바로 무상증자입니다.

단주대금지급일은 무엇인가?

실제로 제 블로그에 무상증자를 처음 받았던 이웃분이 단주대금지급일에 대한 질문을 하셨습니다. 무상증자의 마지막 단계라고 볼 수 있겠는데요, 함께 알아보겠습니다.

위더스제약 주주분이라면 무상증자를 알리는 아래의 통지서를 받게 됩니다.

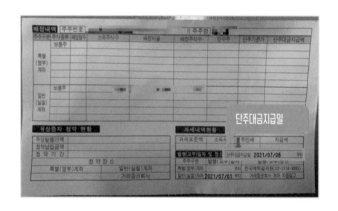

저 사진 속에 보이는 단주대금지급일에 대하여 말씀드릴게요. 위더스제약의 경우 1주당 0.5주의 비율로 무상증자를 실시하였습니다. 예를 들어 2주를 보유하면 1주를 받게 되는 비율입니다. 그렇다면 1주를 보유하는 주주들은 어떻게 될까요?

0.5주를 받아야 하는데 0.5주 주식을 지급할 수가 없습니다. 주식은 최소 거래단위가 1주이기 때문입니다. 단주는 통상적인 거래단위 미만의 주식이나 1주 미만의 주식을 말하는 것으로, 위더스제약의 경우 0.5주를 배정받게 되는 분들이 단주지급에 해당 사항이 있는 것이죠.

무상증자 또는 주식 배당의 경우처럼, 주식을 배정하는 경우에, 1주가 안 되는 주식수에 대해서는 현금으로 주식 계좌에 지급을 해주게 됩니다.

이것을 단주대금지급이라고 부르고, 단주대금지급일자에 그에 해당하는 금액이 입금이 되는 것이죠. 그리 어렵지 않죠? 이제 무상증자는 완벽히 이해하셨을 거라 생각합니다.

공모주 청약 방법 살펴보기

2020년부터 공모주 열풍이 불면서 공모주 청약을 통해서 상대적으로 안정적인 수익을 꾸준히 가져가고 있는 개인투자자들이 증가하고 있습니다. 단군 이래 최대 규모 상장이라는 LG에너지솔루션 청약을 예로 들면서, 공모주 청약을 위해서 꼭 알아야 하는 것과 청약 방법에 대해서 간단하게 알아보겠습니다.

청약 일정

먼저 가장 중요하게 챙겨야 할 것은 역시 청약 일정입니다.
LG에너지솔루션의 청약 일정은 아래와 같았습니다.

- 수요예측일 : 2022년 1월 11일~12일
- 청약일 : 2022년 1월 18일~19일
- 환불일 : 2022년 1월 21일
- 상장예정일 : 2022년 1월 27일

수요예측을 통해서 기업의 흥행 여부를 예상할 수 있는데요, LG에너지솔루션의 경우 수요예측에서 1경이란 돈이 쏠렸습니다. 1경이라니요. 살면서 조를 넘어선 단위를 실제로 듣게 된 건 그때가 처음이었습니다.
일반투자자의 경우 청약일은 통상 2일(영업일 기준)입니다. 그리고, 청약이 마감된 날로부터 두 번째 영업일에 청약 수량에 해당하는 금액을 제외하고 환불이 이루어집니다.
기관 투자자와 일반투자자의 청약이 모두 완료되면, 상장예정일에 상장을 하게 되는 것이죠.

청약 주관사

다음으로 공모주 청약 시에 챙겨야 할 것은 청약 주관사입니다.
어느 증권사를 통해서 청약을 진행해야 가장 많은 물량을 배정받을지 결정되기 때문입니다. 일반적으로 배정물량이 가장 많은 대표주관사를 통해서 청약을 하는 것이 좋지만, 때로는 대표주관사에 너무 많은 청약이 몰려서, 공동주관사에 청약한 경우 더 많은 물량을 배정받기도 하니 전략적으로 고민을 해서 최선의 결과를 만들어낼 필요가 있습니다.